Jürgen Court, Arno Müller, Christian Wacker (Hg.)

Jahrbuch 2007 der Deutschen Gesellschaft für Geschichte der Sportwissenschaft e. V.

Studien zur Geschichte des Sports

herausgegeben von

Prof. Dr. Wolfram Pyta (Universität Stuttgart)
PD Dr. Giselher Spitzer (HU Berlin)
Prof. Dr. Rainer Gömmel (Universität Regensburg)
Prof. Dr. Jürgen Court (Universität Erfurt)

Band 7

LIT

Jürgen Court, Arno Müller,
Christian Wacker (Hg.)

Jahrbuch 2007 der Deutschen Gesellschaft für Geschichte der Sportwissenschaft e. V.

Sport-Körper-Religion

LIT

Bibliografische Information der Deutschen Nationalbibliothek
Die Deutsche Nationalbibliothek verzeichnet diese Publikation in der Deutschen Nationalbibliografie; detaillierte bibliografische Daten sind im Internet über http://dnb.d-nb.de abrufbar.

ISBN 978-3-8258-1678-0

© LIT VERLAG Dr. W. Hopf Berlin 2008
Verlagskontakt:
Fresnostr. 2 D-48159 Münster
Tel. +49 (0) 2 51/620 32 - 22 Fax +49 (0) 2 51/922 60 99
e-Mail: lit@lit-verlag.de http://www.lit-verlag.de

Auslieferung:
Deutschland/Schweiz: LIT Verlag Fresnostr. 2, D-48159 Münster
Tel. +49 (0) 2 51/620 32 - 22, Fax +49 (0) 2 51/922 60 99, e-Mail: vertrieb@lit-verlag.de

Österreich: Medienlogistik Pichler-ÖBZ GmbH & Co KG
IZ-NÖ, Süd, Straße 1, Objekt 34, A-2355 Wiener Neudorf
Tel. +43 (0) 2236/63 535-290, +43 (0) 2236/63 535 - 243, mlo@medien-logistik.at

Vorwort 6

Christoph Ulf
Von der Religion zum Agon. Die Agonalisierung der griechischen Antike im 19.
Jahrhundert als Religionsersatz 7

Ingomar Weiler
Wettkampf-Religion-Kult-Ritual in antiken Aitiologien. Überlegungen zum
Kausalitätsprinzip 26

Christian Wacker
Athlet und Altis – Die antiken Olympischen Spiele in der
deutschen Fachliteratur 47

Ralf-Peter Märtin
Alpinismus und Christentum: Das Kreuz auf dem Gipfel 62

Dagmar Dahl
Zur Ehre Gottes oder auf dem Weg zum Nirvana? – Zum Verständnis von Sport in
Christentum, Islam und Buddhismus 81

Reinhard Zöllner
Der Wald der Krieger. Religiöse Grundlagen der ostasiatischen Kampfkünste 100

Ulrich Pauly
Sumō und Religion 114

Elmar Schenkel
Von der Jagd zur Selbsterfahrung: Bogenschießen in Mythos, Literatur und
Lebenskunst. 134

Eberhard Loosch
Gott im Gehirn. Neurophysiologie und Religion 149

Autorenverzeichnis 158

Vorwort

Im Jahre 2005 wurde in Köln die „Deutsche Gesellschaft für Geschichte der Sportwissenschaft e. V." gegründet. Ihr in der Satzung festgelegter Zweck ist die Förderung des wissenschaftlichen Austauschs und der Forschung zur Geschichte der Sportwissenschaft durch den wissenschaftlichen Dialog sowohl zwischen ihren Teildisziplinen als auch ihren Mutterwissenschaften. Während in vielen anderen Wissenschaften ein steigendes Interesse an der Historie des eigenen Faches zu erkennen ist, ist es in der Sportwissenschaft noch sehr gering entwickelt. Dies führt nicht nur zur Unvertrautheit vieler Lehrender (und natürlich in noch größerem Maße vieler Studierender) mit ihrer eigenen Disziplin, sondern auch zu unzureichendem Selbstbewußtsein und einem Mangel an Argumenten im Kampf um die Anerkennung der Sportwissenschaft als vollgültige akademische Disziplin. Dabei ist zu bedenken, daß sie gerade aufgrund ihrer Eigenschaft als „Querschnittswissenschaft" (Carl Diem) auch für andere Wissenschaften ein höchst anregungsreiches wissenschaftliches Potential anbietet. Zum einen offeriert die besondere Anschaulichkeit des Handlungsfelds Sport eine Möglichkeit der Anwendung eigener Theorien, und zum anderen enthält es aufgrund der Vielfalt seiner Phänomene selbst genügend Anstöße zu Reflexionen pädagogischer, historischer, kultureller, juristischer, ökonomischer, psychologischer, naturwissenschaftlicher etc. Art. Die Mitglieder der Gesellschaft stammen daher aus der Philosophie, Psychologie, Religionswissenschaft, Sportwissenschaft, Anglistik, Klassischen Archäologie, Geschichte und Germanistik. Der Publikation der auf der alljährlichen Mitgliederversammlung gehaltenen Beiträge dient das „Jahrbuch der Deutschen Gesellschaft für Geschichte der Sportwissenschaft e. V."

Dieses dritte Jahrbuch der Gesellschaft enthält – neben einem Beitrag von Ulrich Pauly – die Vorträge der dritten Jahrestagung, die im Juni 2007 auf dem Evangelischen Kirchentag in Köln unter dem Leitthema „Sport-Körper-Religion" stattfand.

Prof. Dr. Jürgen Court	(Erster Vorsitzender)	Köln/Erfurt
Dr. Christian Wacker	(Zweiter Vorsitzender)	Köln
Dr. Arno Müller	(Mitherausgeber)	Maastricht

Von der Religion zum Agon –
Die Agonalisierung der griechischen Antike im 19. Jahrhundert als Religionsersatz

Christoph Ulf

Um die im Titel dieses Artikels enthaltene These von der Agonalisierung der Antike im 19. Jahrhundert nicht nur vorstellen, sondern auch plausibel begründen zu können, ist es sinnvoll, sich zuerst auf eine kurze Gedankenreise zu begeben, die wie ein Umweg erscheint, aber dann direkt zum Thema leiten wird.*

Der Neuzeithistoriker Thomas Nipperdey hat in einem bekanntgewordenen Essay mit dem Titel „Wie das Bürgertum die Moderne erfand"[1] die Linien nachgezeichnet, die dazu führten, dass im Laufe des 19. Jahrhunderts die Kunst zu einem autonomen Raum ausgestaltet wurde. Er beschreibt dabei, wie im Zuge eines Säkularisierungsprozesses die Kunst zum Ersatz für die ehemals für jede Art der Orientierung zentrale Religion wurde.

Im Laufe der Veränderung verlor nicht nur die Religion ihre fast unumschränkte Geltungskraft, sondern es wandelte sich auch die Vorstellung davon, was Kunst ist. War Kunst bis zum 19. Jahrhundert vor allem zur Unterhaltung gedacht, so änderte sich jetzt ihr Charakter. Aus dem Vergnügen wurde etwas seinem Wesen nach Ernsthaftes. Wer in näherem Bezug zu ihr stand, der gewann höhere menschliche Qualität als der, der keinen Zugang zur Welt der Kunst hatte.

Diese Veränderungen waren kein Zufall. Es wandelte sich in diesem Zeitraum bekanntlich auch die ökonomische, die gesellschaftliche und die politische Welt. Das Bürgertum wurde neben dem Adel zur bestimmenden Kraft, verdrängte ihn auch und löste ihn in mancher Hinsicht vollständig ab. Die auf diese Weise erstmals gewonnene ökonomische und gesellschaftliche Freiheit gab dem Bürger die Möglichkeit, Kunst für sich, also individuell zu genießen. Jetzt zählte das Urteil jedes einzelnen, man war nicht mehr gezwungen, sich an der Meinungsbildung am Hof bzw. innerhalb der Adels-

---

* Im Folgenden wurde der Vortragsstil beibehalten, es werden aber die wichtigsten Belege und weiterführende Literatur angegeben. Dieser Beitrag baut auf den folgenden schon erschienenen oder im Erscheinen begriffenen Artikeln auf Ulf 2006; Ulf 2008a. Ausdrücklich sei auch hingewiesen auf Weiler 2006.

[1] Nipperdey 1988.

kreise zu orientieren. Erst jetzt gewann die Kunst den Freiraum, den sie auch in der Gegenwart für sich beansprucht und den man ihr in liberalen Systemen auch bereit ist zuzugestehen.

An diesem Punkt angekommen stellte sich eine neue und wichtige Frage, die ebenfalls bis in die Gegenwart ihre Brisanz nicht verloren hat. Nach welchem Maßstab ist denn Kunst – und das heißt konkret: die Qualität von Kunst, oder was überhaupt Kunst ist – zu beurteilen? Das sich formierende Bürgertum fand die Antwort im fachkundigen Publikum, das als Schiedsrichter fungieren und das in der Diskussion über Kunst gültige Normen formulieren sollte. Die Qualität eines künstlerischen Produktes sollte vom fachkundigen Publikum im kompetitiven Vergleich mit den schon existierenden, als Kunst klassifizierten Produkten festgestellt werden. Man verglich das Neue mit der Tradition. Auf diese Weise soll es möglich werden, die ‚wahre' von der ‚falschen' Kunst zu trennen.

Um eine solche Trennung vornehmen zu können, genügt jedoch die allgemeine Referenz auf ein fachkundiges Publikum nicht. Denn es ist nötig festzulegen, was fachkundig bedeutet. Für diesen Zweck wurde auf die Verbindung der wahren Kunst mit dem Geist verwiesen, der nur hier waltet. Wem der Bezug zum Geist fehlt, dem fehlt auch das richtige Verständnis für Kunst. Dieses richtige Verständnis nahmen die Bildungsbürger für sich in Anspruch und schlossen damit einen Teil des Bürgertums aus: nämlich die Wirtschaftsbürger, deren Interessen sich auf das Praktische und Materielle richten.

Es ist nicht notwendig, diese Abläufe näher zu beleuchten und die genannten Gedanken auf ihre Logik und Plausibilität hin zu befragen. Es ist aber wichtig festzuhalten, dass die Religion ihre Rolle als Maßstab für ein Urteil gleichgültig welcher Art einbüßte und dass der dadurch entstandene Leerraum durch eine Art von Wettbewerb aufgefüllt wurde. Diese von Nipperdey beschriebene Änderung im Verhältnis von Religion und Kunst stellt eine gute Basis dar, um die Rolle von Religion und Wettbewerb in der Geschichtsschreibung über die griechische Antike zu betrachten.

Zuerst nur noch eine ganz grundsätzliche Feststellung zur Hermeneutik von Vergangenheit, auch wenn sie trivial erscheinen mag. Die Rekonstruktion von Geschichte ergibt sich nicht einfach aus dem bloßen Lesen der Quellen. Weil vergangene Sprache, alte Begriffe und historische Situationen dem historischen Betrachter immer fremd sind, muss man zu ihnen erst einen Zugang gewinnen. Anders formuliert: Jede Lektüre von Quellen stellt immer auch eine Interpretation dar. Jede Interpretation ist von Prämissen und Vorannahmen begleitet, die sich nicht einfach in wissenschaftliche und unwissenschaftliche trennen lassen. Denn die meisten Prämissen sind nicht völlig frei von einem mehr oder weniger direkten Bezug zu aktuell innerhalb und außerhalb der Wissenschaft geltenden Normen und Regeln.

1 Religion als Prämisse der Geschichtsschreibung (der Antike) im 18. Jahrhundert

Im 18. Jahrhundert und auch am Beginn des 19. Jahrhunderts stellte die Religion eine grundlegende Prämisse zur Rekonstruktion der Vergangenheit innerhalb der entstehenden Geschichtswissenschaft dar. Im Rahmen des in diesem Zeitraum allgemein vertretenen evolutionistischen Paradigmas für die menschliche Geschichte wurde die Religion an dem Punkt zum entscheidenden historischen Faktor, wo die Menschheit aus dem Stadium der Wildheit bzw. der Barbarei auf die Stufe der Zivilisation gelangte. Religion galt als das wesentliche Merkmal der menschlichen Zivilisation. Mit Blick auf die Geschichte der Griechen wurde das vielfach formuliert. Hier sei das nur durch zwei Zitate von Johann Gottfried Eichhorn und Arnold Hermann Ludwig Heeren belegt.[2]

Der Göttinger Professor für orientalische Sprachen, J. G. Eichhorn (1752–1827) stellte die griechische Religion in den Kontext eines allgemeinen Urteil über die Funktion der Religion:

Die ursprüngliche Religion der Griechen war die Religion aller Wilden. Wie allen rohen Völkern war ihnen alles heilig, was ihre Vorfahren betraf ... Darneben dachte sie sich die ganze Natur, bis zu den Gestirnen hinauf, von mächtigen Wesen bewohnt ... Ihre Feste wiederhohlten die Thaten und Verdienste ihrer Götter unter Musik, Tanz und Gesang, durch Kämpfe und Gefechte und pantomimische Vorstellungen derselben.

Die Götter lassen diese Religion der Wilden zu einem kulturschaffenden Medium werden: „alle Völker, die wir aus diesem Zeitraum [zwischen Noah und Moses] kennen, fangen ihre Bildung ganz von unten an, und werden (zufolge ihrer Sagen) unter der Regierung der Götter durch Religion entwildert."[3]

---

[2] Für eine erste Schnellinformation zu den hier genannten Gelehrten vgl. Ulf 1995.
[3] Eichhorn 1799, 143–7.

Der ebenfalls in Göttingen tätige Historiker A. H. L. Heeren (1760–1842) hob die Funktion der Heiligtümer in diesem Prozess hervor: „Auch unter dem Schutz dieser Heiligthümer [der amphiktyonischen] keimten und reiften die Früchte der Cultur ... Sie [die Institutionen] knüpften das Band zwischen der Politic und Volksreligion."[4]

Diese Äußerungen stehen unübersehbar unter dem Eindruck des Alten Testaments, auf dem im 18. Jahrhundert noch weithin die Vorstellungen über die historische Entwicklung der Menschheit aufbauten. Ein Reflex davon ist die Auffassung, dass die äußeren Anstöße für die kulturelle Weiterentwicklung der Griechen aus dem Orient gekommen seien. Die griechischen Erzählungen über Kulturheroen wie Kekrops, Deukalion, Danaos oder Kadmos und Priester, die aus dem Osten nach Griechenland gekommen sein sollen, galten dafür als Beweis.[5] Aus diesen Erzählungen wurde auch abgeleitet, dass die Kulturheroen und Priester – unter Anderem durch die Einrichtung von Mysterien und von Heiligtümern wie Olympia oder Delphi – für eine „Entwilderung" der Griechen gesorgt hätten. Als Folge dieser Entwilderung hätten erste Zeichen von Kultur beobachtet werden können; Heeren nennt in diesem Zusammenhang die „heilige Institution" der Ehe und die Sicherung des Eigentums. Und er vergleicht diese Vorgänge nicht zufällig mit der Missionierung der amerikanischen indigenen Bevölkerung durch die Europäer.

In abgewandelter Form galt die Religion auch noch im 19. Jahrhundert als ein entscheidender Faktor für jede historische Entwicklung. Das bekannteste Beispiel dafür ist die Propagierung einer – von ihm allerdings dem orientalischen Einfluss entgegengesetzten – griechischen Religion, der sogenannten Apoll-Religion durch den ebenfalls zu den Göttinger Historikern zählenden Karl Otfried Müller (1797–1840). Danach soll überall dort, wo die Griechen den „hellenischen Nationalgott" zur Wirkung kommen ließen, wahres Menschentum, d. h. der griechische Mensch in seiner reinen Form verwirklicht worden sein.[6] Einige Jahre später heißt es dann 1856 beim Klassischen Philologen und Archäologen in Göttingen und Berlin, Ernst Curtius (1814–1896), dass über die Apoll-Religion, vertreten durch die Priester von Delphi, die Griechen zu einer nationalen Einigung gefunden hätten: „In vorzügli-

---

[4] Heeren 1812, 148.
[5] Die Vorstellung, dass die kulturellen Anregungen aus dem Osten kommen, bleibt lange Zeit bestimmend; vgl. Duncker 1856, 50.
[6] Müller 1844. zum weiteren Umfeld vgl. Weiler 2002.

chem Grade war aber die apollinische Religion vermöge der Hoheit ihrer sittlichen Ideen und der geistigen Überlegenheit ihrer Bekenner dazu berufen, die verschiedenen Gaue des Landes um sich zu sammeln und unter sich zu einigen."[7]

2 Nationalheiligtümer und Amphiktyonien

Die der Religion zugeschriebene Bedeutung wirkte sich auf die Darstellung der politischen Geschichte so aus, dass Religion zu der treibenden Kraft auch für die politische Entwicklung wurde.[8] Unter dem Aspekt der griechischen Gemeinsamkeit betrachtet, wurden dabei die sogenannten Amphiktyonien in den Vordergrund gerückt. Amphiktyonien sollen von den Menschen gebildet worden sein, die sich an bestimmten heiligen Orten zur Feier und zum Schutz der in dem jeweiligen Heiligtum verehrten Gottheit versammelten. Einige dieser Orte sollen besonderen Einfluss gewonnen haben und wurden – so die häufig gebrauchte Formulierung – zu „Nationalheiligtümern". Im Rahmen der religiösen Feiern an diesen Orten wurden auch sportliche Wettbewerbe als ein Teil dieser Feste veranstaltet. Es ist festzuhalten, dass der griechische Sport bis weit ins 19. Jahrhundert hinein nur unter diesem Aspekt für die Geschichtsschreibung von Bedeutung war. Dafür zwei wichtige Belege.

In der für das ganze 19. Jahrhundert in England maßgebenden Darstellung, der „History of Greece" des Londoner Bankiers und Privatgelehrten George Grote (1794–1871), werden die sportlichen Wettbewerbe als „exhibitions" erst lange nach der Entstehung des religiösen Festes in Olympia erwähnt.[9] Die „games" waren und blieben für ihn vorwiegend religiöse Feste, mit denen zwischen den vielen selbständigen griechischen Stadtstaaten (*poleis*) „friendship and fraternity" erzeugt wurde.

What are called the Olympic, Pythian, Nemean, and Isthmian games ... were, in reality, great religious festivals, – for the gods then gave their special sanction,

---

[7] Curtius 1856, 91. Die hier anklingende besondere Bedeutung Delphis spielt in verschiedenen Schattierungen noch in der gegenwärtigen Diskussion innerhalb der Altertumswissenschaften eine Rolle.
[8] Für A. H. L. Heeren ist Religion nur unter diesem Gesichtspunkt von Interesse; dazu Becker-Schaum 1993, 150.
[9] Grote 1864, 240–253; und Grote 1861, 50–73.

name, and presence, to recreation meetings, – the closest association then prevailed between the feelings of common worship and the sympathy of common amusement.

Erst im Laufe der Zeit sollen aus ursprünglich nur im lokalen Rahmen bedeutenden Ereignissen panhellenische Feste geworden sein, bei denen der bloß lose Zusammenhalt der griechischen Staaten, das gesamte griechische „Aggregat" zu einer Einheit wurde.

It was thus that the simplicity and strict local application of the primitive religious festival, among the greater states in Greece, gradually expanded, on certain great occasions periodically returning, into a elaborate and regulated series of exhibitions – not merely admitting, but soliciting the fraternal presence of all Hellenic spectators.[10]

Von einer Grotes „Hirstory of Greece" vergleichbaren Bedeutung war für Frankreich die „Histoire des Grecs" des liberalen Professors am Lycée Saint Louis in Paris und späteren Erziehungsministers, Victor Duruy (1811–1894). Er reihte ebenso wie Grote die Spiele unter die „institutions générales" ein – die Feste der Amphikytonien, die Orakel und die religiösen Feste –, durch die unter den Griechen Einheit hergestellt werden konnte. Diese Spiele, im Besonderen die olympischen Spiele, besaßen nach Duruy eine ganz besondere Bedeutung für die Griechen:

Ces spectacles et ces jeux n'étaient pas l'inutile délassement d'une foule paresseuse comme la plèbe de Rome sous les Césars; ils faisaient partie de la religion et de culte national; ils étaient la grande école du patriotisme et de l'art, même de la morale.

Es seien Spiele für alle freien Griechen ohne jede Einschränkung, d. h. unabhängig von Vermögen und Geburt, gewesen. Mit ihnen hätte man zwei konkrete Ziele erreicht: einen gesunden Körper und Geist und eine gute Vorbereitung der jungen Männer für den Krieg. Insgesamt soll durch die Spiele sogar „le génie de la Grèce" insgesamt geformt worden sein.[11]

---

[10] Grote 1864, 240; und Grote 1861, 69, 71.
[11] Duruy 1968, 718–802. Zitate: 744, 793, 797, 800.

3 Die Wissenschaft der Ökonomie als Reflex der geänderten sozialen und ökonomischen Bedingungen

Die Überzeugungskraft des diese Darstellungen bestimmenden und uneingeschränkte Gültigkeit beanspruchenden Interpretationsparadigmas ‚Religion' ging im Laufe der von Thomas Nipperdey beschriebenen Säkularisierung zum Teil verloren. Um ein besseres Verständnis von dieser Veränderung zu gewinnen, ist es nötig, einen kurzen Blick auf eine ihrer wichtigen Triebkräfte zu werfen.

Die Voraussetzung für diese Entwicklung war neben den sozialen und politischen Auswirkungen der industriellen Entwicklungen die Ausbildung der Wirtschaftswissenschaft als einer eigenständigen Wissenschaft durch die englischen Utilitaristen. Eine der wichtigsten Regeln, auf welchen die neue Wissenschaft axiomatisch aufbaute, war die Hypothese eines allgemein geltenden Konkurrenzprinzips. Die neue Wissenschaft verwandelte dafür das bloß auf das einzelne Individuum zielende Motiv des Profits zu einem abstrakten methodologischen Instrument, „das das Funktionieren der Tauschwirtschaft im begrifflichen Rahmen eines allgemeingültigen rationalen Prinzips erklären sollte."[12] Weil man – gleichfalls axiomatisch – davon ausging, dass der Markt in Verbindung mit dem Konkurrenzprinzip zum Gleichgewicht zwischen den gegensätzlichen ökonomischen Einzelinteressen führen würde, konnte das sich an diesen Axiomen orientierende ökonomische Verhalten geradezu als die Fortsetzung oder zumindest als ein entscheidendes Element, in der evolutionistisch vorgestellten Entwicklung der Zivilisation zu Frieden und Freiheit betrachtet werden.[13]

Dieses Denken war nicht nur der Versuch, real beobachtbares wirtschaftliches Verhalten der Gegenwart in einem abstrakten System abzubilden. Es lieferte auch Industriellen, Bankiers und Kaufleuten begründbare Präskriptionen für ihr wirtschaftliches Verhalten, d. h. die von ihnen begrüßte Berechtigung für das Streben nach Gewinn. Diese – so von den ersten Vertretern der Ökonomie als Wissenschaft allerdings nicht beabsichtigte – Verbindung von Gewinnstreben und allgemeiner Wohlfahrt hatte Auswirkungen auf das Verhältnis zwischen den sozialen Gruppen in der Gesellschaft. Das führt zu

---

[12] Pribram 1992, 331; dazu Knight 1935, 282.
[13] Pribram 1992, 546. Zur ethischen Problematik dieser Vorstellung vgl. die Einleitung von Richard Boyd zu Knight 1935, XI.

einer zweiten wichtigen Voraussetzung für die Reduktion der Bedeutung des Interpretationsparadigmas Religion.

4 Die Trennung von Wirtschafts- und Bildungsbürger in Deutschland

Anders als in England und auch Frankreich war in Deutschland die Grenze zwischen Adel und Bürgertum klar gezogen.[14] Es war das Ziel des Bürgertums, den als dekadent und unmoralisch eingeschätzten Adel im Staat zu ersetzen. Dies sollte durch eine neue Form der Ausbildung geschehen, in welche die am Adel bewunderten Verhaltensformen, seine Weltläufigkeit und die damit zusammenhängende Ausbildung der Persönlichkeit Eingang finden sollten. Das für Deutschland spezifische neuhumanistische Bildungskonzept hatte eben diese Ausbildung der Persönlichkeit zum Ziel. In ihm war gleichzeitig jedoch auch eine Spaltung des deutschen Bürgertums schon angelegt.[15] Der Bürger sollte zum besseren Adel werden und die alten Bildungstraditionen bewahren. Um das zu erreichen, musste er sich vom Erwerbs- und Gesellschaftsleben so weit wie möglich fernhalten.

Dem wurde von den neuhumanistisch gebildeten Bildungsbürgern das Verhalten des Wirtschaftsbürgers, d. h. des Unternehmers, Bankiers und großen Kaufmanns, entgegengestellt. Dieser hat Lust an der Konkurrenz und orientiert sich primär am Markt, an Risiko und Gewinn und freut sich, wenn er andere überflügeln kann. Angesichts der realen wirtschaftlichen und gesellschaftlichen Entwicklungen in der zweiten Hälfte des 19. Jahrhunderts sorgte sich der Bildungsbürger jedoch in zunehmendem Maß vor zuviel und vor unlauterem Wettbewerb. Daraus ergab sich eine sich zunehmend verstärkende distanzierte Haltung gegenüber dem vom Wirtschaftsbürger forcierten reinen Marktverhalten. Der materiellen Welt des Wirtschaftsbürger wurde gewissermaßen als Schutz davor eine vom Materiellen ‚befreite' Kultur gegenübergestellt. Dieser nur dem Bildungsbürger zugänglichen Welt des Geistes wurde eine geradezu religiöse Weihe verliehen, wodurch sie geradezu zum Religionsersatz werden konnte.[16]

---

[14] Vgl. Frevert 1995; Cassis 1995.

[15] Nipperdey 1990, 382–395. Zu Problemen der Abgrenzung des Begriffs vgl. Kocka 1989, 9–20; Mieck 1993, bes. 187–198, 212–219.

[16] Dieses Denkmuster spiegelt sich auch in der Opposition von (Kunst-)Archäologie gegen jede praktische Orientierung und besonders gegen die Naturwissenschaften; dazu Sünderhauf 2004, bes. 12–20.

5 Der Agon – das neue Paradigma des 19. Jahrhunderts

Der fließende Übergang von dem Interpretationsparadigma der Religion zum anderen des Agon lässt sich an der Darstellung der „Griechischen Geschichte" aus dem Jahr 1854 durch den seit 1840 an der Universität Heidelberg tätigen Professor für Geschichte, Friedrich Kortüm (1788–1854), gut verfolgen. Kortüm diagnostizierte in der mythischen Zeit nach dem troianischen Krieg einen bisher so nicht beobachteten allgemeinen Wettkampf. Dieser soll die „Fehdesucht" der älteren heroischen Zeit abgelöst haben.

Der Genius des gesammten Volkes drängt gleichsam die getrennten Stämme und Brechungen derselben, ohne daß sie es gewahren, in die Bahn des edleren Wetteifers hinein und drückt den verschiedenartigsten Gestalten (Formen) denselben Stempel nationaler Gleichheit und Blutsbefreundung auf.

Die Religion spielt in diesem Bild zwar eine gegenüber den älteren Autoren geänderte Rolle, bleibt aber nach vor wichtig. Kortüm verglich den troianischen Krieg mit einem Kreuzzug, ein Vergleich, der an die Vorstellung der Missionierung bei Heeren erinnert. Delphi ordnet er wie etwa schon vorher K. O. Müller eine besondere Bedeutung für die Einheit Griechenland zu. In seiner unübersehbar anachronistischen Vorstellung wurde Delphi, der für Apoll zentrale Ort und Schauplatz eines für alle Griechen bedeutsamen Festes, zu einer der Kirche vergleichbaren Institution:

... er [Apoll] verdrängte ... den Dienst der Erde, das tellurische Princip, und verknüpfte kirchlich-religiös die getrennten Stämme und Völkerschaften des Hellenenthums.[17]

Durch den schon erwähnten Ernst Curtius (1814–1896), Erzieher des Prinzen Wilhelm und Professor für Klassische Philologie und Archäologie in Berlin, wurde der Paradigmenwechsel wenig später noch weitergeführt. Er machte erstmals den Wettkampf – wie das die Wirtschaftswissenschaft vorgeführt hatte – zu einem allgemeinen Prinzip. War für die Utilitaristen das allgemeine Wohl (samt der dahinter stehenden *invisible hand*)[18] die Instanz, welche die Konkurrenz zu einem guten Ende führen sollte, so konnte sich bei Curtius das Prinzip des Wettkampfs nur unter dem Schutzmantel der

---

[17] Kortüm 1854, 4–5, 18, 77.
[18] Zur Interpretation der fälschlich als Wettbewerb oder das Wirken Gottes vorgestellten invisible hand vgl. Haakanson 2003.

Religion in der richtigen Weise entfalten. Konkret heißt das: Die Griechen hätten den so wie alle anderen Völker auch empfangenen Keim des Wettbewerbs unter dem Einfluss der apollinischen Religion bei den Wettkämpfen der Nationalfeste und der Amphiktyonien in ganz besonderem Maße ausgebildet.[19] Unter der Kontrolle der Religion hätte sich die „Entfesselung und Concurrenz aller Kräfte" im positiven Sinn auswirken können.[20]

So sehr es aber auch der freie Wettkampf der Kräfte war, der wie der belebende Hauch durch die gesammte Thätigkeit, durch alle Leistungen der Griechen hindurchwehte, so waren sie doch weit entfernt, den Trieb, welcher der Wetteifer anregt, seiner natürlichen Beschaffenheit zu überlassen, in welcher er mehr zum Schlechten als zum Guten führt. Sie haben den wilden Trieb gezähmt, sie haben ihn gesittet und veredelt, indem sie ihn der Religion dienstbar gemacht haben. ... Bei den anderen Völkern besteht die Festfreude im Vollgenusse der irdischen Güter; die Hellenen kannten eine höhere Freude, und diese fanden sie in der durch jugendlichen Wetteifer gesteigerten und durch Theilnahme des ganzen Volks begeisterten Uebung ihrer Seelen- und Körperkräfte. Denn um ihre Götter zu ehren, glaubten sie ... vor Allem die Blüthe der Jugend und ihrer Gesundheit und Kraft den Göttern darstellen zu müssen, und zwar nicht bloß in feierlichen Aufzügen, in festlichen Tänzen, sondern auch in freudigem Wettkampfe sollten ihre Jünglinge zeigen, daß sie die reichlich empfangenen Gottesgaben zu voller Entwicklung zu fördern nicht träge gewesen seien. So sind die Wettkämpfe ein Opfer des Danks, dessen sich die Götter freuen.[21]

Dieser so positive Zustand habe sich zugleich mit der Änderung des politischen Systems verändert, als die Monarchie durch die Herrschaft des Adels abgelöst worden sei.[22] Dann habe sich die die „Concurrenz aller Kräfte" ins Negative gewandt. An die Stelle des für alle nützlichen Wettbewerbs seien „Parteikämpfe" getreten, weil der Adel nur seine Eigeninteressen verfolgt habe. In diesem Bild findet sich Curtius' Abscheu vor dem „Parteiengezänke der Gegenwart" wieder. Diese waren seiner Ansicht nach dadurch hervorge-

---

[19] Curtius 1856, 403ff.; Curtius 1856/1877, 140f. Vgl. dazu Ulf 2004; 65. Zur Abgrenzung von Materiellem und ‚Kultur' – auch als Gegensatz von barbarisch und frei – Vgl. auch Ulf 2005, 618–622, 626–627.
[20] Curtius 1856, 112, 201–204.
[21] Curtius 1856b/1877, 139–141.
[22] Dazu Ulf 2004, 75–77.

rufen worden, dass der Wettbewerb eben nicht auf das Ganze des Staates, sondern bloß auf Eigennutz und Gewinn zielte.[23]

Curtius' Darstellung der griechischen Geschichte war ohne Zweifel einer der wichtigen Impulse für den bekannten Basler Professor für Kunstgeschichte und Geschichte, Jacob Burckhardt (1818–1897), den Gedanken des Agonalen als herausragendes Merkmal der Griechen zu entwickeln. Burckhardt führt deutlicher aus, was bei Curtius mit dem Begriff ‚Eigennutz' angedeutet wird.[24]

Alles, was dem Tage angehört, geht leicht und vorzugsweise eine Verbindung ein mit dem Materiellen in uns, mit unsern Interessen; das Vergangene kann wenigstens eher sich verbinden mit dem Geistigen in uns, mit unserm höhern Interesse.[25]

Eigennutz orientiert sich also am Materiellen. Das Materielle ist der niederen, dem Geist entgegenstehenden Sphäre verbunden. Die Griechen hätten sich gegen alles gestellt, was der geistigen Ausbildung im Wege gestanden habe; zum Bereich des Geistigen rechnet Burckhardt auch die Gymnastik. So sei in einem bestimmten Abschnitt der griechischen Geschichte – dem „agonalen Zeitalter" – eine ideale Agonalität entstanden.

Wie weit das Geistesleben der Nation von diesem Adel gepflegt wurde, ist im Einzelnen nur unvollständig nachzuweisen ... Mit ihnen [den machtvollen Adligen] beginnt im Großen dasjenige agonale Wesen, derjenige Wettstreit unter Gleichen, welcher dann in zahllosen Gestaltungen das ganze Thun und Denken der Hellenen durchzieht.[26]

Burckhardt setzt also nicht die monarchisch gedeutete Heroenzeit wie Curtius, sondern die Zeit der „aristokratischen Republiken" mit dem von ihm so genannten agonalen Zeitalter gleich. In dieser Phase der griechischen Geschichte sei das Leben der Aristokraten in die Gesamtheit der Polis eingebunden gewesen. Auf diese Weise konnte Burckhardt dem seit der von den Utilitaristen formulierten Theorie zum Problem gewordenen Eigennutz begegnen: Solange dies der Fall war, zielte ihr von Wettbewerb geprägtes Leben nicht auf den Eigennutz. Als sich die demokratische Polis durchsetzte,

---

[23] Curtius 1856, 48, 122–5, 143, 202f. Curtius 1861, 331, 429, 745. Vgl. dazu Christ 1989, 70.
[24] Vgl. Ulf 2006, 67–79; Ulf 2008a.
[25] Burckhardt 1939, 11.
[26] Burckhardt 2002, 137.

habe zugleich mit dem politischen System auch der Wettbewerb negative Züge, d. h. Züge des Eigennutzes angenommen.

Curtius und Burckhardt bemühten die griechische Geschichte, um den Nachweis zu führen, wie das rechte Agonale auszusehen hat. In seiner Beschreibung stimmen sie deswegen weitgehend überein, weil sie den Veränderungen der eigenen Zeit mit ähnlichen Befürchtungen gegenüberstanden. Beide hatten Angst vor der Entfesselung der Kräfte des Individuums, augenfällig gemacht im entfesselten Prometheus als Bild des materiellen Fortschritts. Und für beide entstand aus dem Widerspruch zwischen der Forderung nach bürgerlicher Freiheit und der Angst vor zu viel Liberalität das Gefühl der Endzeit, worin sie durch die Bedrohung durch das ungebildete Proletariat noch bestärkt wurden.[27]

Der offenkundige Bezug einer durch Agonalität bestimmten griechischen Vergangenheit durch den Bezug zur jeweiligen Sicht der eigenen Gegenwart lässt sich durch einen Blick auf die Griechische Geschichte des national-liberalen und kleindeutschen Historikers Max Duncker (1811–1886) noch weiter bestätigen.

Auch Duncker argumentierte mit der Religion. Sie hat wie bei Kortüm die Form einer Institution. Über Delphi heißt es: „Das religiöse Bedürfniß der Griechen, welches hier [in Delphi] Befriedigung erlangte, erhob Delphoe im Laufe des achten Jahrhunderts zum Centrum kirchlichen, ja sogar in gewissem Sinne zum Centrum politischen Lebens."[28] In Verbindung mit Olympia formuliert er nicht viel anders:

Die Erziehung des griechischen Adels war eine religiöse; die religiöse Poesie, die Kirchenmusik waren die Erziehungs- und Bildungsmittel der griechischen Jugend. Religion und Staat waren eben bei den Griechen nicht verschieden; der Staat war nichts als die Praxis der Religion selbst.[29]

Hinzukommt noch der Wettbewerb als wesentliches Element. Die Wettkämpfe waren nach Duncker einerseits aus dem „religiösen Triebe der Hellenen" hervorgegangen, Wettbewerb dokumentiert sich jedoch auf der anderen Seite aber vor allem in der Form des Kriegs. Zu Zeiten der griechischen Wanderungen sollen die besseren Krieger die alten Stammhäupter ersetzt haben, die besten Kriegsleute seien die Führer der Stämme geworden. Das

---

[27] Dazu Mayer 1984, 10–11, 273–4. Nipperdey 1990, 387, 394. Jäger/Rüsen 1992, 125–29.
[28] Duncker 1856, 532–33.
[29] Duncker 1856, 590.

einheitliche Staatswesen in Attika sei die Tat alter Krieger, das Königtum allgemein die Frucht kriegerischen Lebens gewesen. Die Fehden unter den Adligen hätten vor Verwilderung gesichert. Die lokalen Kämpfe und die Kolonisation hätten zu einem selbständig pulsierenden Leben geführt. Der an Bismarck orientierte, preußisch und bürgerlich denkende Max Duncker verschiebt somit die positive Wirkung des Wettbewerbs auf eine mit dem Handel und Bürgertum verbundene Stadtstaatenwelt. Hier liegt für ihn das Umfeld für die besondere griechische Freiheit. Der mit der Errichtung und dem Bestand der Kolonien verbundene Krieg und der darin enthaltene Wettbewerb bedeuten nach ihm somit insgesamt auch Fortschritt.[30]

So sehr sich die genannten Autoren, Kortüm, Curtius, Burckhardt und Duncker, im Einzelnen unterscheiden, sie alle werden durch zwei Überzeugungen miteinander verbunden:

1. Die „Nationalfeste" geben den Anlass, den Wettbewerb an die Seite der Religion zu stellen und ihm die Funktion zuzuordnen, den Zusammenhalt der griechischen Nation zu gewährleisten.

2. Der Wettbewerb wird als ein den Griechen ganz besonders zugehöriges Prinzip betrachtet, dessen Wirken unter bestimmten politischen Voraussetzungen den Griechen insgesamt zu einem besseren Zustand verhilft.

6 Die agonalisierte Antike als Grundlage des Konstrukts ‚Olympismus'

Der von Pierre de Coubertin (1863–1937) entwickelte Olympismus beruhte zu einem guten Teil auf der bisher vorgeführten Entwicklung der Interpretation der griechischen Geschichte. Der französische Aristokrat wurde ohne Zweifel durch den Kontakt mit Victor Duruy beeinflusst, er hat aber auch die in England vertretene Sicht des griechischen Sports gekannt.[31] Der von Coubertin propagierte Olympismus hat aber nicht nur auf die griechische Antike zurückgegriffen, sondern auch längerfristig auf die Interpretation der Antike zurückgewirkt. Es ist auch eine Folge seines Einflusses, dass sich die Vorstellung – besonders innerhalb der Sportgeschichte – etablieren konnte, dass die Antike, im Besonderen die Griechen, durch einen tief verankerten Wettbewerb gekennzeichnet gewesen seien.

---

[30] Duncker 1856, 209–10, 264, 269–71, 609.
[31] Mac Aloon 1984, 103, 140–144; und Weiler 2004, 427–443.

Es soll an dieser Stelle nur ein Element aus dem von Coubertin entwickelten gedanklichen Konstrukt herausgegriffen werden.[32] Für das Verständnis des Coubertin'schen Olympismus ist sein Anspruch wesentlich, ein neues bürgerliches Erziehungssystem schaffen zu wollen. Die ursprüngliche Motivation ging dahin, Frankreich nach der 1871 gegen Deutschland erlittenen Niederlage den Weg zurück zu einer europäischen Großmacht zu finden. Dafür sollten wie in England im Wettbewerb gestählte starke und freie Männer herangebildet werden. Dieses Ziel erweiterte sich jedoch dann zur Vorstellung, über den Wettbewerb eine Elite ohne nationale Grenzen zu formen, die mehreren Idealen verpflichtet sein sollte. Sie sollte ausgerichtet sein auf die harmonische Einheit von Körper und Geist, die Begrenzung der eigenen Leidenschaften, die Unterordnung des egoistischen Interesses unter das der Gesellschaft, den Geist des fair play, den Amateurismus, insgesamt auf einen *esprit chevaleresque*. Thomas Alkemeyer fasst diese Absicht so zusammen: Es ging um eine Erneuerung der Welt durch eine Körperpädagogik, für die die griechische Antike das wesentliche Vorbild darstellen sollte.

E. Norman Gardiner (1864–1930), Professor in Oxford, war ein erklärter Botschafter der neuen Idee.[33] Gardiners Ziel war es, öffentlich vor den Gefahren des Professionalismus zu warnen. Dafür präsentierte er ein Bild vom griechischen Sport, das diesem Zweck dienen sollte. Dafür wurde Wettbewerb im Sinne Jacob Burckhardts in einen ethnischen Kontext gestellt: „Chief among these [the Greeks] was the desire to excel. No people has ever been so fond of competition. Competition entered into every department of their life."[34]

Gardiner stattet diese Form des Sports mit Merkmalen aus, die sich in der Erziehungsdebatte des 19. Jahrhunderts als wichtig herauskristallisiert hatten. Die griechischen Heroen waren Amateure: *"There is no organized training; there are no organized competitions."* Um diese ritterlichen Heroen mit der Welt der Polis zu verbinden, greift Gardiner auf die Vorstellung der „national festivals" und ihren religiösen Charakter zurück. Die nationalen Feste werden zu „athletic festivals", die nach wie vor den Geist der heroischen Zeit in sich tragen sollen. Nach den wichtigsten, nämlich den Olympischen Spielen, sind seiner Auffassung nach im Laufe des 6. und 5. Jahrhunderts überall und sehr rasch „countless local festivals" entstanden. Das gab

---

[32] Vgl. zum Folgenden Alkemeyer 1996, 67–130. MacAloon 1984. Young 1984.
[33] Gardiner 1910, XI. Vgl. Young 1984, 76–80.
[34] Gardiner 1930, Zitate 2, 18, 27, 31, 42.

„the athletic competitions a national importance unparalleled any other age or among any other people". Die Griechen sollen „the only true athletic nation of antiquity" gewesen sein.

Die Besonderheit der Griechen aber war – und das erinnert an Max Duncker –, dass ihr Sport direkt mit dem Krieg verbunden war und ihnen daher gegenüber den Barbaren einen unschätzbaren Vorteil verschafft hatte. Der Gedanke der Verbindung von „athletics" und „warfare" wird in einem beinahe schon berühmtgewordenen Zitat noch mit dem inzwischen allgemein verbreiteten Klischee eines fundamentalen Gegensatzes zwischen Orient und Okzident noch weiter verstärkt: „The victory of Greeks over Persians was the victory of free city states over oriental despotism; it was the victory of a handful of trained athletes over hordes of effeminate barbarians."

Dieses völlig willkürliche Bild der Griechen gibt ganz im Sinne Coubertins das direkte Vorbild für die Gegenwart ab:

It [the athletic spirit] is found only in vigorous and virile nations that put a high value on physical excellence; it arises naturally in those societies where the power is in the hands of an aristocracy which depends on military skill and physical strength to maintain itself.[35]

Trotz des erwähnten engen Bezugs von Gardiner auf Coubertin ist eines bemerkenswert: Gardiner distanzierte sich von der aus dem 18. Jahrhundert stammenden und im 19. Jahrhundert nachwirkenden Verbindung von Sport und Religion. Er stellte fest: „ …there is no necessary connexion between the founding of a festival and the institution of the games. … Festivals arose from various origins."[36]

Der zwar in vieler Hinsicht von Norman Gardiner beeinflusste Professor of Classics in Lampeter, H. A. Harris, stellte dieses Urteil jedoch nicht viel später wieder auf den Kopf: „Undeniably, however, the most important athletic meetings of late Greece were part of religious festivals." Und er ver-

---

[35] All das wurde zum Zeitpunkt des Erscheinens von E. Norman Gardiners Werk aus dem Jahr 1910 sehr wohl verstanden. In „The New York Times" vom 19. Oktober 1910 heißt es u. a.: „It is true that Wellington said that the battle of Waterloo was won upon the football fields of England; but, on the whole, the relation of modern athletics to the practical affairs of after life, whether warfare or business, is far less clear and immediate, and therefore the idealization of the modern athlete lacks certain very important elements that helped to exalt his Greek prototype, no less than the mediaeval knight or the Japanese Samurai, to a position of the highest significance."
[36] Gardiner 1930, 32.

sucht diese Behauptung mit Argumenten zu unterbauen, welche die Religionswissenschaft am Ende des 19. Jahrhunderts entwickelt hatte:

With their strong anthropomorphic conception of divinity, the Greeks believed that the gods took pleasure in the same things as mortals – music, poetry, drama and dancing – and as they were held to share aesthetic pleasures, so it was believed they were delighted with displays of physical excellence. No doubt the double motive of religion and sport helped to swell the attendance at these festivals from all over the Hellenic world.[37]

7 Ausblick

Die Betonung der Religion als Entstehungskontext für Sport ist inzwischen aus der sporthistorischen Literatur innerhalb der Altertumswissenschaft weitgehend verschwunden. Doch das mit der Besonderheit der griechischen Religion und damit des Sports verbundene Vorurteil der besonderen Qualität und/oder Intensität des griechischen Sports ist nach wie vor nicht vollständig aufgegeben worden. Es erscheint zum Beispiel in der These von stärker und geringer am Wettbewerb orientierten Völkern, die, wie Ingomar Weiler überzeugend darstellt, in der Nachfolge Jacob Burckhardts steht.[38] In der jüngsten Darstellung des antiken Sports von Donald Kyle aus dem Jahr 2007 ist jedoch die Kategorie des Volkes weitgehend durch den Begriff der Kultur ersetzt worden: „Few customs were as essential to Greek and Roman ethnicity, to the emergence, distinctiveness, and exportation of their cultures, as their sports and spectacles."[39]

Mit der Parallelisierung der Begriffe „ethnicity" und „culture" wurde ein wichtiges Signal gesetzt, das in die richtige Richtung weist. Weder die Kategorie der Religion noch die sie ersetzende Kategorie einer ethnisch fundierten Agonalität kann eine Erklärung für die zweifelsohne zu beobachtende Vielfalt des Sports in der (griechischen) Antike bieten. Der Begriff der Kultur weist darauf, dass eine historisch adäquate Analyse woanders ansetzen muss.

---

[37] Harris 1964, 35.
[38] Vgl. die einschlägigen Artikel in den Lexika wie z. B. Instone/Spawforth 2003; Blume/Paulsen 2003 oder z. B. Golden 1998, 23: „The Greeks were a competitive people"; siehe auch Weiler 2006, 81–110.
[39] Kyle 2007, 7.

In der Interpretation der Antike ist im Laufe des 19. Jahrhunderts das Agonale als Hauptfaktor der historischen Entwicklung an die Stelle der Religion getreten. Man sollte das Wissen um die Genese der auf dem Faktor Wettbewerb beruhenden Interpretation der griechischen Geschichte und des griechischen Sports dazu benützen, einen offensichtlichen Fehler zu korrigieren. Der Wettbewerb ist nicht, wie von gegenwärtig dominanten Teilen der Wirtschaftswissenschaft behauptet, ein autonomer Bereich, der nach Regeln funktioniert, die weder von Gesellschaft und Kultur noch vom Staat beeinflussbar wären. Und auch der sportliche Wettbewerb ist kein von allen anderen Faktoren unabhängig wirkender menschlicher Trieb. Sport ist Teil eines menschlichen Kulturverhaltens, er ist auf Menschen bezogen und wird von diesen je nach ihren Bedürfnissen gestaltet.[40] Im Bezug auf die jeweilige Kultur und die sie erzeugenden, jeweils sehr konkret anzugebenden Bedingungen liegt der Schlüssel für sein historisches Verständnis. Für die Analyse von Kultur und ihren Teilen wie Wettbewerb und Sport sind allgemeine und für sich auch nicht unumstrittene Kategorien wie Religion, Agon oder gar Volk nicht brauchbar.

8 Literatur

Alkemeyer, Thomas. 1996. Körper, Kult und Politik. Von der „Muskelreligion" Pierre de Coubertins zur Inszenierung von Macht in den Olympischen Spielen von 1936, Frankfurt a. M./New York.
Becker-Schaum, Ch. 1993. Arnold Herrmann Ludwig Heeren. Ein Beitrag zur Geschichte der Geschichtswissenschaft zwischen Aufklärung und Historismus, Frankfurt am Main.
Blume, H.-D. und Paulsen, Th. 2003. Wettbewerbe, künstlerische, in: DNP 12.2, 491–493.
Burckhardt, Jacob. 1939. Griechische Kulturgeschichte, hg. v. R. Marx, Bd. 1, Stuttgart.
Burckhardt, Jacob. 2002. Griechische Kulturgeschichte, Bd. 1 (Jacob Burckhardt Werke, Bd. 19, hg. v. L: Burckhardt, B. von Reibnitz, J. von Ungern-Sternberg), München/Basel.
Cassis, Y. 1995. Wirtschaftselite und Bürgertum. England, Frankreich und Deutschland um 1900, in: Kocka 1995, 9–34.
Christ, Karl. ³1989. Von Gibbon zu Rostovzeff. Leben und Werk führender Althistoriker der Neuzeit, Darmstadt.
Curtius, Ernst. 1856/1877. Der Wettkampf (1856), in: Ernst Curtius, Alterthum und Gegenwart. Gesammelte Reden und Vorträge, Berlin ²1877, 132–147.
Curtius, Ernst. 1856. Griechische Geschichte, Bd. 1, Berlin.
Curtius, Ernst. 1861. Griechische Geschichte, Bd. 2, Berlin.
Duncker, M. 1856. Geschichte des Alterthums, Bd. 3: Geschichte der Griechen, Bd. 1, 1, Berlin.

---

[40] Zur weiteren Begründung mit Bezug besonders auf die Antike vgl. Ulf 1991 und Ulf 2008b.

Duruy, V. 1968. Histoire des Grecs depuis les temps les plus reculés jusqu' à la réduction de la Grèce en province romain, vol 1, Paris nouvelle édition.
Eichhorn, J. G. 1799. Weltgeschichte. Erster Theil welcher die alte Geschichte von ihrem Anfang bis auf die Völkerwanderung enthält, Göttingen.
Frevert, U. 1995. Bürgerlichkeit und Ehre. Zur Geschichte des Duells in England und Deutschland, in: Kocka 1995, 128–167.
Gardiner, E. N. 1910. Greek Athletic Sports and Festivals, London.
Gardiner, E. N. 1930. Athletics of the Ancient World, Oxford.
Golden, M. 1998. Sport and Society in Ancient Greece, Cambridge.
Grote, G. 1861. History of Greece, vol. 4, New York.
Grote, G. 1864. History of Greece, vol. 2, New York.
Haakanson, K. (ed.). 2003. The Cambridge Companion to Adam Smith, Cambridge.
Harris, H. A. 1964. Greek Athletes and Athletics, London.
Heeren, A. H. L. 1812. Ideen über die Politik, den Verkehr und den Handel der vornehmsten Völker der alten Welt. Dritter Theil: Europäische Völker, 1. Abtheilung: Griechen, Göttingen.
Instone, St. J. und Spawforth, A. J. S. 2003. agones, in: Oxford Classical Dictionary, 3rd ed., Oxford, 41–42.
Jäger, F. und Rüsen, J. 1992. Geschichte des Historismus. Eine Einführung, München.
Knight, F. H. 1935. The Ethics of Competition, London (ND 1997).
Kocka J. (ed.). 1995. Bürgertum im 19. Jahrhundert, Bd. 2: Wirtschaftsbürger und Bildungsbürger, Göttingen.
Kocka, J. 1989. Bildungsbürgertum – Gesellschaftliche Formation oder Historikerkonstrukt?, in: J. Kocka (Hg.), Bildungsbürgertum im 19. Jahrhundert, Teil 4: Politischer Einfluß und gesellschaftliche Formation, Stuttgart, 9–20.
Kortüm, F. 1854. Griechische Geschichte von der Urzeit bis zum Ende des peloponnesischen Kriegs, Bd. 1, Heidelberg.
Kyle, D. 2007. Sport and Spectacle in the Ancient World, Malden/Oxford/Carlton.
Mac Aloon, J. J. 1984. This Great Symbol. Pierre de Coubertin and the Origins of the Modern Olympic Games, Chicago/London.
Mayer, A. J. 1984. Adelsmacht und Bürgertum. Die Krise der europäischen Gesellschaft 1848–1914, München.
Mieck, I. 1993. Wirtschaft und Gesellschaft Europas von 1650 bis 1850, in: Ilja Mieck (Hg.), Handbuch der europäischen Wirtschafts- und Sozialgeschichte, Bd. 4, Stuttgart, 1–234.
Müller, K. O. 1844. Geschichten hellenischer Stämme und Städte, Bd. 2: Die Dorier, erste Abtheilung, 2. Aufl. Breslau.
Nipperdey, Th. 1988. Wie das Bürgertum die Moderne erfand, Stuttgart.
Nipperdey, Th. 1990. Deutsche Geschichte 1866–1918, Bd. 1: Arbeitswelt und Bürgergeist, München.
Pribram, K. 1992. Geschichte des ökonomischen Denkens, Bd. 1, Frankfurt (engl. 1983).
Sünderhauf, E. S. 2004. Griechensehnsucht und Kulturkritik. Die deutsche Rezeption von Winckelmanns Antikenideal 1840–1945, Berlin.
Ulf, Ch. (Hg.). 1995. Griechische Antike und deutsche Geschichtswissenschaft in biographischen und bibliographischen Daten. Von der französischen Revolution 1789 bis zum 2. deutschen Kaiserreich 1871, Berlin.

Ulf, Ch. 1991. Die Frage nach dem Ursprung des Sports, oder: weshalb und wie menschliches Verhalten anfängt, Sport zu sein, in: Nikephoros 4, 13–30.
Ulf, Ch. 2004. Die Instrumentalisierung der griechischen Frühzeit. Interdependenzen zwischen Epochencharakteristik und politischer Überzeugung bei Ernst Curtius und Jacob Burckhardt, in: Robert Rollinger/Christoph Ulf (Hg.), Griechische Archaik. Interne Entwicklungen – Externe Impulse, Berlin, 51–103.
Ulf, Ch. 2005. „Naturbarbaren" und „Kulturbarbaren" in Jacob Burckhardts Griechischer Kulturgeschichte, in: Robert Rollinger (Hg.), Von Sumer bis Homer. Festschrift für Manfred Schretter zum 60. Geburtstag am 25. Februar 2004 (Alter Orient und Altes Testament, 325), Münster, 613–634.
Ulf, Ch. 2006. Elemente des Utilitarismus im Konstrukt des Agonalen, in: Nikephoros 19, 67–79.
Ulf, Ch. 2008a. Ancient competition – a modern construct?, in: N. Fisher und H. van Wees (eds.), Ancient Competition, Swansea (im Druck).
Ulf, Ch. 2008b. (Antiker) Sport und Wettbewerb – ein sozio-kulturelles Phänomen, in: P. Mauritsch, W. Petermandl, R. Rollinger und Ch. Ulf (Hg.), Antike Lebenswelten. Konstanz – Wandel – Wirkungsmacht, Wiesbaden (im Druck).
Weiler, I. 2002. The living legacy: classical sport and nineteenth-century middle-class commentators of the German-speaking nations, in: J. A. Mangan (ed.), Reformers, Sport, Modernizers. Middle-class Revolutionaries (The European Sports History Review 4), London/Portland, 9–34.
Weiler, I. 2004. The predecessors of the Olympic movement, and Pierre de Coubertin, in: European Review 12.3, 427–443.
Weiler, I. 2006. Wider und für das agonale Prinzip – eine griechische Eigenart? Wissenschaftsgeschichtliche Aspekte und Grundsatzüberlegungen, in: Nikephoros 19, 81–110.
Young, D. C. 1984. The Olympic Myth of Greek Amateur Athletes, Chicago.

> Johan Huizinga kritisiert mit Berufung auf ethnologische Studien „die Neigung einer vergangenen Periode, die für jeden Kulturgewinn die Erklärung in einem 'zu welchem Zweck', 'wozu', 'aus welchen Gründen' suchte" und spricht von „schlimmster Kausalitätstyrannei" und „veralteter Nützlichkeitsvorstellung"[1]

Wettkampf-Religion-Kult-Ritual in antiken Aitiologien. Überlegungen zum Kausalitätsprinzip

Ingomar Weiler

Gegenstand der folgenden Abhandlung sind Kausalitätserklärungen, wie sie für Wettkämpfe und Sportfeste in antiken Aitiologien und in der so genannten Heuremata-Literatur angegeben werden. Nicht selten liefern dabei Hinweise auf kultische und religiöse Komponenten bei den gymnischen, hippischen und musischen Agonen die Argumente. Eine Sonderstellung in dieser aitiologischen Literatur nimmt der kaiserzeitliche Autor Philostrat (ca. 170–245 n. Chr.) in seiner Schrift „Περὶ γυμναστικῆς" ein. Vor allem zwei instruktive Beispiele, in denen die Aitien eine besondere Rolle spielen, sollen ausführlicher besprochen werden: Herodot (ca. 484–424 v. Chr.) und Pausanias (ca. 115–nach 180 n. Chr.). Dazu kommen noch Überlegungen zur frühchristlichen Kritik an der Agonistik wegen ihrer Bindung an pagane Kulte und mehrere Schlussthesen.

Um sich im Fachschrifttum über die Thematik Agon/Sport-Religion-Kult-Ritual zu orientieren, benötigt man heute bibliographische Hilfestellung.[2] Allein aus altertumswissenschaftlicher Sicht haben Religions- und Sporthistoriker unter Einbeziehung ethnographischer und anthropologischer Materialien zu diesem Fragenkomplex in zahlreichen, kaum mehr überschaubaren Publikationen seit dem 19. Jahrhundert Stellung genommen. Dass dabei auch immer wieder der Ursprung antiker Wettkampfveranstaltungen mit kultischen Handlungen assoziiert wird und überhaupt Fragen der Junktimierung des Agons mit religiös-kultischen Phänomenen im Vordergrund stehen,

---

[1] Huizinga 1938/1991,25.

[2] Vgl. dazu die Jahresbibliographien in Nikephoros und Decker/Rieger 2005.

nimmt angesichts des Stellenwerts, den Sport in unserer Gesellschaft einnimmt, kaum wunder.[3]

Kausalbetrachtungen, die den Agon aus der religiösen Sphäre ableiten, zählen also nicht zu den Rarissima der Sporthistorie. Auch die Religionswissenschaftler, die sich komparativ mit soziologischen, psychologischen und phänomenologischen Aspekten von Festkulturen befassen, haben diese Thematik immer wieder zum Gegenstand von Untersuchungen gewählt und bieten informative Perspektiven für den Brückenschlag vom *homo religiosus* zum *homo ludens*.[4]

Dabei werden immer wieder Assoziationen zu religiösen Phänomenen und Weltbildern, zum Götter- und Heroenkult und zur Bedeutung kultischer und ritueller Handlungen ausgelöst. Es scheint geradezu der Grundsatz zu gelten, der Agon sei – zumindest was seine primäre und ursprüngliche Motivation betrifft – nur in einem ursächlichen Zusammenhang, bildlich gesprochen, als Schlussstein in einer Kausalitätskette mit Religion, Kult und Ritual verständlich und erklärbar. Ausgehend vom Leibnizschen Axiom, „nichts geschieht ohne ausreichenden Grund" (*nihil fit sine causa sufficiente*), wird mittels deduktiver Methode sein Ursprung in einem religiös-kultischen Umfeld gesucht – und gefunden.

Mit einem Teilaspekt dieser – aus meiner Sicht – klassischen *petitio principii*, die vor allem dann, wenn es um die Ursprungsfrage, um Korrelation und Kausalnexus von Agon und Religion geht, rasch zu einem *circulus vitiosus* mutiert, möchte ich mich im Folgenden befassen.

Dass dabei die konventionellen Fachgrenzen des Althistorikers überschritten werden, lässt sich ebenso wenig vermeiden wie der damit provozierte kritische und kollegiale Zuruf, der Schuster möge bei seinem Leisten bleiben. Trotzdem: Bei einer Thematik über diese komplexen Fragen ist das Postulat der Interdisziplinarität – simpler formuliert: der Blick über den Zaun – wohl genauso unvermeidbar wie der Umstand, dass eine Reihe anderer Aspekte hier nicht zur Sprache kommen können. So müssen Erklärungsmuster, die auf kultisch-religiöse Komponenten verzichten und an deren Stelle soziale, ökonomische oder politische Argumente ins Treffen führen, hier außer Acht bleiben.[5]

---

[3] Nach Ulf 1997,37 wird „zum Movens für die Entstehung [der panhellenischen und amphiktyonischen Feste] in der Regel der Kult erklärt."
[4] Vgl. dazu vor allem die Studien von Burkert 1972, 1988 und 1996.
[5] Ulf 1997,37–61.

Die Feststellung, Agon und Religion seien eng miteinander verknüpft, ist freilich nicht gleichzusetzen mit jener, der Agon sei ursprünglich aus dem religiös-kultischen Ambiente kausal abzuleiten. Es ist zwar ein nahe liegender und naiver Gedanke, unklare Sachverhalte in quellenarmen archaischen Gesellschaften mit kultisch-religiösen Argumenten erklären zu wollen. Aber eine solche kausale Antizipation kann hier nicht genügen. Ich möchte mein Hauptaugenmerk auf jene – wie ich meine – unbewiesene und unbeweisbare monokausale Hypothese lenken, die behauptet, zwischen agonistischem Handeln und dem Phänomenbereich Religion, Kult und Ritual lasse sich für die Anfangszeiten ein Kausalitätsprinzip oder zumindest eine Korrelation nachweisen. Dabei geht es nicht so sehr um Carl Diems bekannte Ursprungstheorie,[6] sondern um aitiologische Erklärungsmodelle aus dem Altertum. Da sie modernen Interpreten häufig als Argumentationsgrundlage dienen, stelle ich sie ins Zentrum meiner Überlegungen.

Was ist hier mit Aitiologie gemeint? Dabei geht es um Ursachenerklärungen, wie sie seit der homerischen Epik in der griechischen Literatur praktiziert werden. Mit Rekurs auf Götter und Heroen werden zahlreiche Bräuche und Institutionen erklärt. Es scheint fast die Regel zu sein, dass je kurioser und altertümlicher ein Explanandum den Zeitgenossen erscheint, desto eher bemühten sich die antiken Autoren um kausale Deutungen eines Phänomens. Das gilt für die reale Welt ebenso wie für den Mythos. Wilhelm Nestle meint denn auch, dass „das mythische Denken der Kausalität nicht entraten" könne.[7] Dass diese Ursachenerklärungen zuweilen skurrile Züge annehmen, ist selbst dem Kenner der „Schönsten Sagen des klassischen Altertums" vertraut. Es verwundert nicht, wenn einer der ersten Repräsentanten rationaler Mythendeutung, der Milesier Hekataios (ca. 550–490 v. Chr.), dabei das Wort von den lächerlichen Geschichten (λόγοι γελοῖοι) griechischer Autoren prägt.[8]

Im Laufe der Jahrhunderte entsteht ein spezieller Literaturtypus, der vorgibt, Ursachen, Anfänge und den Ursprung von vorhandenen Phänomenen und Institutionen verschiedenster Art zu erklären. Das gilt für ein Ritual genau so wie für ein politisches Ereignis, einen Brauch, ein Gerät, eine Sied-

---

[6] Diem 1960/1971, Band 1,3: „Alle Leibesübung war ursprünglich kultisch." Dazu Ueberhorst 1972, Band 1,11–47.

[7] Nestle 1942/1966,2.

[8] Hekataios von Milet, FGrHist 1: „Dieses schreibe ich, wie es mir wahr zu sein scheint; denn die Reden der Hellenen sind vielfältig und lächerlich, wie sie sich mir darstellen." Grundsätzlich skeptisch gegenüber der Mythentradition Ulf 1997,40f.

lung, eine Gesellschaftsordnung, das gilt auch für den Agon. Nicht selten verweisen die Interpreten dabei auf eine imaginäre, graue Vorzeit. Mit ihren fiktionalen Texten erheben sie aber einen Wahrheitsanspruch. Die Autoren sprechen dabei von αἰτίαι oder αἴτια, im Lateinischen: *causa*. Im modernen Schrifttum ist vom so genannten aitiologischen Mythos die Rede.[9] Dieses literarische Genus mit der Zielsetzung, kausale Begründungen systematisch zu erfassen, bleibt freilich nicht auf die Mythographie beschränkt.

Im Zuge der Konzeptualisierung rationaler Weltbilder und Wissenschaftssysteme, die ein partielles Abrücken von der „archaischen Schuldkultur" hin zu einer ersten Aufklärung (Eric R. Dodds)[10] vor allem ab dem 6. vorchristlichen Jahrhundert bewirkt, haben auch Philosophen, Naturwissenschaftler und Mediziner entsprechende Aitiologien verfasst, mit denen sie die verschiedensten Erscheinungsformen ihrer Umwelt rationalisierend zu interpretieren versuchen. Die Schrift „Über Luft, Wasser, Lage" (Περὶ ἀέρων ὑδάτων τόπων) aus dem *Corpus Hippocraticum* (Hippokrates ca. 460–370 v. Chr.) und zahlreiche oft nur dem Titel nach bekannte Studien von Demokrit (ca. 460–370 v. Chr.), die sich speziell mit naturwissenschaftlichen Ursachenerklärungen (αἰτίαι σύμμικτοι, vermischten Ursachen) befassen, kommen ohne mythologische Erklärungsmodelle aus. Für Demokrit, der wegen seiner vielseitigen wissenschaftlichen Interessen auch als 'Fünfkämpfer' bezeichnet wurde,[11] war die Erforschung dieser Kausalitäten ein so zentrales Anliegen, dass man ihm das Diktum zuschrieb, „er wolle lieber eine einzige Ursachenerklärung finden (μίαν εὑρεῖν αἰτιολογίαν) als König von Persien werden" (Üs. Jaap Mansfeld).[12] Der Philosoph scheint die deterministische Auffassung seines Lehrers Leukippos (geb. zwischen 480–470 v. Chr.) geteilt zu haben, der feststellte: „Kein Ding entsteht aufs Geratewohl, sondern alles ist infolge eines Verhältnisses [oder: in begründeter Weise] und durch die Notwendigkeit (ὑπ᾽ ἀνάγκης)"; einfacher ausgedrückt: „Nichts entsteht planlos, sondern alles aus Grund und Notwendigkeit".[13]

Alle diese Interpretationsansätze und Versuche, Kausalzusammenhänge nachzuweisen, seien sie nun mythologischer oder philosophisch-

---

[9] Fantucci 1996/1999,369; Graf 1997,105–116.
[10] Dodds 1970,92f.
[11] Diogenes Laertios 9.37.
[12] Demokrit 68 B 118 (Diels/Kranz).
[13] Leukippos 67 B 2 (Diels/Kranz); dazu Mansfeld 1986,252f. und Kranz 1941/1997,84.

naturkundlicher Provenienz, finden ihre literarischen Ausdrucksformen in aitiologischen Erzählungen und Hypothesen. Sie bieten einerseits in ganz naiver und vorwissenschaftlicher Weise Antworten auf simple Warum-Fragen, wie sie auch Kinder gerne stellen (und damit ihre Eltern strapazieren können: Warum hat der Käse Löcher?). Anderseits erörtern sie vor dem Hintergrund des Ursache-Wirkungs-Diskurses komplexe Sachverhalte und bieten Erklärungen dafür, wie eine Krankheit entsteht oder eine bestimmte astronomische Konstellation, etwa eine Sonnenfinsternis, oder ein Krieg.

In diese aitiologische Fragenkategorie fallen *erstens* auch die zahlreichen antiken Ursprungserklärungen über die Gründung agonistischer Feste und *zweitens* die Erfindung einzelner Wettkampfdisziplinen. Zur zweiten Gruppe dieser Fragen gehören Mythologemata wie die Behauptung, Apollon habe als erster die Griechen den Boxkampf, Herakles das Ringen, Hermes den Wettlauf oder ebenfalls den Ringkampf gelehrt, Palamedes die Spiele erfunden, nicht anders als Prometheus, der ihnen das Feuer, Dionysos die Weinrebe, Demeter das Getreide oder Athene die Webkunst gebracht habe. Im altertumswissenschaftlichen Fachschrifttum wird dieser fiktionale Erzähltypus der so genannten Heuremata-Literatur zugeordnet (von: εὕρημα: Gefundenes, Erfundenes, Erfindung; εὑρίσκω: finden, erfinden; εὕρηκα: ich hab's gefunden).[14]

Als ein bekanntes Beispiel dieser Heuremata-Literatur sei an die Episode erinnert, wie die Lyder verschiedene Spiele erfunden haben. Darüber berichtet Herodot:[15] Die Lyder

sind die ersten Menschen, von denen wir wissen, dass sie Münzen aus Gold und Silber geprägt und verwendet haben. Sie waren auch die ersten Kaufleute. Die Lyder behaupten, auch die Spiele (τὰς παιγνίας), die es jetzt bei ihnen und den Griechen gibt, seien ihre Erfindung (ἐξεύρημα). [...] Darüber erzählen sie folgendes: Zur Zeit des Königs Atys [...] herrschte in ganz Lydien große Hungersnot. Eine Zeitlang ertrugen sie die Lyder geduldig. Als sie aber immer länger dauerte, suchten sie Abhilfe, und jeder ersann etwas anderes. Damals wurden das Würfel-, das Knöchel- und das Ballspiel und alle anderen Arten von Spielen erfunden mit Ausnahme des Brettspiels, dessen Erfindung die Lyder nicht für sich in Anspruch nehmen. Durch diese Kurzweil vertrieben sie den Hunger, indem sie einen ganzen Tag hindurch spielten, um die Eßlust nicht aufkommen zu lassen. Den nächsten Tag wieder aßen sie und spielten nicht. So lebten sie achtzehn Jahre lang (Üs. Josef Feix).

---

[14] Weiler 1998,6–19.
[15] Herodot 1.94.2–4 (Üs. Josef Feix).

Zwei Details dieser Erzählung erscheinen mir dabei besonders hervorhebenswert. (1) Die griechische Mythentradition verweist in der Regel auf *eine* Person, auf *eine* Gottheit oder *einen* Heros bzw. *eine* Heroine als Erfinder, jedenfalls auf *ein* Individuum als πρῶτος (πρώτη) εὑρετής – hier fungieren die Lyder kollektiv als *ein* Erfindervolk, als πρῶτοι δὲ ἀνθρώπων, wie Herodot sich ausdrückt. (2) Die zweite beachtliche Einzelheit: nicht das übliche kausale Denkmodell eines religiös-kultischen Ursprungs, sondern die Verknüpfung mit dem profanen Ereignis, mit der Hungersnot, ist das entscheidende Aition. Die Katastrophe ist nach Auffassung des *pater historiae* die Ursache dafür, dass die Lyder die Spiele erfinden (ἐξευρεθῆναι). Die große Hungersnot (σιτοδεία ἰσχυρή), genauer gesagt, der große und andauernde Getreidemangel, ist die Ursache, die Spiele sind das Resultat, die daraus abgeleitete Konsequenz.

Dass andere Mythen den Heros Palamedes als πρῶτος εὑρετής, als Erfinder der Brett- und Würfelspiele anführen, darf dabei genauso wenig irritieren wie die archäologische Evidenz, die diese Spiele schon für die vorgriechische Welt nachweist. Die griechischen Mythen wurden nie kanonisiert, so dass widersprüchliche Fassungen nebeneinander stehen. Das gilt für die zahlreichen aitiologischen Gründungsmythen in der antiken Agonistik genau so wie für die facettenreiche Heuremata-Literatur.

Trotz dieser herodoteischen Erzählung lässt sich über die Institutionalisierung der panhellenischen und regionalen Agone in der mythographischen Aitiologie ein Trend ablesen: Die meisten dieser Sportfeste werden mit kultisch-rituellen Handlungen in Verbindung gebracht. Religiöse Komponenten dominieren eindeutig in der fiktionalen und kontroversen antiken Überlieferung, wo die Umstände und Ursachen angesprochen werden, die zur Einrichtung eines Agons geführt haben. Die primäre Frage sollte also lauten: Besteht zwischen den agonistischen und religiösen Phänomenen ein kausaler oder gar – polemisch gefragt – ein monokausaler Zusammenhang?[16]

Die antiken und modernen Auffassungen sind hier aus methodologischen Gründen getrennt zu beurteilen. Die Antworten griechischer Autoren fallen zwar sehr unterschiedlich aus, lassen aber in den meisten Fällen eine Präferenz für *einen* Faktor erkennen. Ob der antizipierte Konnex eine weitgehend universelle Erscheinung sei, zumindest in vorindustriellen Gesellschaften, dieser modernen Fragestellung kann hier nicht nachgegangen werden. Ich beschränke mich daher hier vor allem auf den antiken Typus der aitiologi-

---

[16] Zur Monokausalität als polemischem Begriff vgl. Demandt 1984, 547.

schen Mythen, weil er im modernen Schrifttum oft als Ausgangspunkt in der Ursachenforschung gewählt wird. Dabei spielt die Annahme, in diesen Erzählungen befinde sich stets ein historischer Kern, eine nicht unwesentliche Rolle.

Die antiken Aitiologien liefern das hinlänglich bekannte Argumentationspotenzial für verschiedene Deutungsmuster zum Ursprung des Agons und auch der römischen Wettkampfveranstaltungen:

1 Beispiele für das antike Griechenland:[17]
1.1 Totenbrauch: Leichenspiele für Patroklos[18]
1.2 Götter- und Heroenverehrung: Wettkämpfe für Apollon oder Herakles
1.3 Fruchtbarkeitsriten (ἱερὸς γάμος): Brautagone. Wettlauf der Atalante
1.4 Initiationsriten (*rites de passage*): Wettbewerbe zum Beweis der Tapferkeit und Kriegstüchtigkeit; Flagellation beim Pelopsgrab; Mythen über die kultische Nacktheit
1.5 Jagdrituale, wie sie vor allem David Sansone in der griechischen Agonistik nachzuweisen versucht.[19] Zyklus der Artemissagen
1.6 Inthronisationsriten: Wettkämpfe (vorzugsweise im Laufen, Ringen und Bogenschießen) zur Ermittlung eines neuen Herrschers oder Häuptlings. Wettlauf der Endymionsöhne
2 Beispiele aus der Welt der Römer: „religiöse Feste, die sportliche Elemente enthielten":[20]
2.1 *Consualia, Equirria, ludi Capitolini, Robigalia*: Wagenrennen, athletische Wettkämpfe
2.2 *ludi magni* oder *Romani*: in Verbindung mit dem Iupiter-Kult; Wettbewerbe mit Pferden, Faustkämpfe
2.3 *ludi circenses* als Votivspiele: Wagenrennen, athletische Wettkämpfe, *ludi scaenici*
2.4 Gladiatorenspiele als *ludi funebres*: Waffenkämpfe, athletische und szenische Spiele

---

[17] Ausführlicher dazu Ulf/Weiler 1980,1–38.
[18] Ulf 2004,73–86.
[19] Der Autor definiert den Sport als „ritual sacrifice of physical energy", und er ist überzeugt davon, „that there is no essential difference between modern sport and the sport of other and earlier societies"; so Sansone 1988,37 und 6. Hier liegt m. E. ein unorthodoxes Begriffsverständnis für „ritual" vor, während ich den Überlegungen Sansones zur Vergleichbarkeit des modernen und des vorindustriellen Sports zustimmen möchte; vgl. dazu Golden 1998,17–19.
[20] Thuillier 1996/1999,34–43.

2.5 Wettkampfveranstaltungen und Schauspiele im Rahmen des Kaiserkultes: *ludi pro valetudine Caesaris*: „Agon mit griechischer Prägung" (M.L. Caldelli)[21]

Auch das archäologisch-topographische Argument der räumlichen Nähe von Tempelbezirk und Wettkampfstätte wird dabei häufig bemüht.

Im Grunde ist die heute im zeitgenössischen Schrifttum anzutreffende Ableitung der antiken Wettkampffeste aus der kultisch-rituellen Praxis das Ergebnis einer unreflektierten Rezeption der aitiologischen Mythen. Das gilt für die Olympischen und anderen panhellenischen Agone genauso wie für Hunderte lokaler agonistischer Feste in der Alten Welt. Es besteht kein Zweifel: Fast immer spielen kultische und religiöse Zeremonien, Prozessionen, Gebete, Eide, Opfergaben, Libationen, magische Praktiken, apotropäische Reinigungsriten (Kathartik) und *rites de passage* eine Rolle. Es ist nicht auszuschließen, dass dieser Konnex allmählich aus dem Bewusstsein der handelnden Personen verschwinden konnte. Aber die Quellen informieren nur über das Umfeld und die Rahmenbedingungen, unter denen die Agone stattfinden, die spekulativen Aussagen über seinen Ursprung bleiben belanglos.

Vergessen wir nicht: Nahezu jede alltägliche öffentliche Handlung war begleitet von religiös-kultischen Praktiken: Politische Entscheidungen, Initiation der Epheben ins Bürgerrecht, Verleihung der Proxenie, Volksversammlungen, kommerzielle Vertragsabschlüsse, Gerichtsverhandlungen. Dazu kommen private sakrale Handlungen im Rahmen eines Lebenslaufes: Geburt, Aufnahme in die Erwachsenengemeinschaft, Hochzeit, Tod; ferner „in persönlichen Krisensituationen: Rituale vor und nach Reisen, Votive zur Genesung von Krankheiten, Beitritt zu Kultgemeinschaften ..."[22] Freilassungen von Sklaven, schließlich auch Familienfeiern und Symposien. Diese Redundanz scheint die Aufzeichnung öffentlicher und privater Kultkalender, in denen die Feste in eine chronologische Ordnung gebracht werden, nötig gemacht zu haben. Ich habe daher Verständnis für Mark Golden, wenn er in seinem sehr lesenwerten Abschnitt „Sport and Religion" die auf das Altertum bezogene rhetorische Frage stellt:[23] „Is it really exceptionally so in a

---

[21] Thuillier 1996/1999,48.

[22] Auffarth 2001,907.

[23] Verschiedene moderne Thesen zur Thematik „sport and religion", in deren Zusammenhang auch auf die Rolle der panhellenischen Wettkampforte verwiesen wird, bespricht Golden 1998,10–23; siehe insbesondere 10f. und Zitat: 23.

society in which every part of life was pervaded by cult activity and invocations of the gods?" Diese Durchdringung des alltäglichen Lebens mit kultisch-rituellen Handlungen ist auch in der Agonistik und Gymnastik zu beobachten. Auf deren hohes Alter innerhalb der panhellenischen Feste weisen manche archaischen Züge hin.

Für die wettkampfmäßig ausgetragenen Tragödien- und Komödienaufführungen, insbesondere für „die Verbindung der theatralischen Agone mit den Festen zu Ehren des Dionysos", wird der kausale Konnex zur Religion in Athen im 5. Jahrhundert v. Chr. stets angenommen. Die „Bezugnahme auf Dionysos als aitiologisches dramatisches Prinzip"[24] bei Zuschauern und Autoren, die darüber berichten, gilt offensichtlich als omnipräsent und unbestritten. Sowohl die thymelischen wie auch die szenischen Agone, d. h. die agonal ausgetragenen Musiker- und Dichterwettbewerbe, wie auch die der Schauspieler, werden vom Dionysoskult abgeleitet.[25] Dafür spräche auch, dass im Rahmen des Festprogramms zahlreiche hierarchisch geordnete Priester tätig sind. Diese Wettkämpfe werden bekanntlich in der Kategorie der ἀγῶνες μουσικοί zusammengefasst.

Die antiken Schriftsteller, die in nachklassischer Zeit zu Ursprungsfragen der ἀγῶνες γυμνικοί und ἱππικοί Stellung nehmen, argumentieren mit vergleichbaren Aitiologien. Generell kann man feststellen, dass von der vor allem ab dem Hellenismus einsetzenden wissenschaftlichen und pseudowissenschaftlichen Literatur neue Impulse ausgehen. Die Sammeltätigkeit antiker Philologen, Grammatiker, Lexikographen, Mythographen, Literaturkommentatoren und Etymologen produziert umfangreiche Kompendien unter dem Titel „Aítia", die literarische Stoffe zur Ursachenforschung katalogisieren, Ursprungsfragen stellen und sie auch zu beantworten versuchen. So entsteht eine neue literarische Gattung, die Aitiologie.[26] Die athenischen Atthidographen des 4. vorchristlichen Jahrhunderts scheinen mit ihren Lokalgeschichten (über Mythen, Religion, Kultur) hier eine Vorreiterrolle zu spielen. Auch die „Aítia" des Kallimachos (ca. 320–nach 245 v. Chr.) haben sich speziell mit den Ursprungsfragen beschäftigt. Auf ähnlichen Sammlungen basieren Schriften von Plutarch (ca. 45–120 n. Chr.) wie die „Αἴτια Ἑλληνικά" und die „Αἴτια Ῥωμαικα" (= *quaestiones Graecae* und *Romanae*) oder die „Αἴτιαι φυσικαί". Diese Sammelwerke bemühen sich, wie

---

[24] Fantucci 1996/1999,370.
[25] Aneziri 2003,127–135.
[26] Fantucci 1996/1999,370f.

gesagt, die Herkunft von Erscheinungen mit einer ausgeprägten Vorliebe für Merkwürdigkeiten, Bräuche, für altertümliche Kulte und Riten und die Gründung verschiedenster Institutionen ihrer Zeit zu erklären.

Vor diesem Hintergrund sind auch Mythenkompilationen zu sehen, die über die Gründung antiker Wettkampfstätten berichten. Ein Schlaglicht darauf werfen auch die „Fabulae" des kaiserzeitlichen Mythographen Iulius Hyginus (vermutlich 2. Jh. n. Chr.). Er bietet eine Sammlung zahlreicher griechischer Sagenzyklen mit Götter- und Heroengenealogien und kommt dabei auch auf die Erfindungen und Spielgründungen zu sprechen. Der von ihm kompilierte Mythenschatz basiert auf einer literarischen Tradition, die zwar bis auf die homerischen Epen zurückreicht, die aber insbesondere von den hellenistischen mythographischen Kompendien ausgeht. Immer wieder werden dabei die Fragen thematisiert, warum, wann und wo zum ersten Mal irgendeine kulturelle, politische oder ökonomische Institution eingerichtet worden ist.

Im nur fragmentarisch erhaltenen 273. Kapitel (*Qui primi ludos fecerunt usque ad Aeneam quintum decimum*) behandelt Hyginus die ersten fünfzehn Wettspiele. Darin berichtet der Kompilator über die sagenhaften Gründungsväter griechischer und römischer Wettkampfveranstaltungen und über deren Konnex zu kultisch-religiösen Praktiken: Hochzeitsriten, Reinigungszeremonien, der Hera- und mehrfach der Totenkult werden hier als Ursachen für die Einrichtung von Agonen angeführt. Das deckt sich teilweise auch mit jenen literarischen Quellen, die über die Olympischen und die anderen panhellenischen Spiele informieren wollen. Widersprüche schließt das, wie schon festgestellt, mangels einer kanonischen Ordnung der Mythen nicht aus. So kann Hyginus auch mitteilen, dass „in Elis [...] zuerst Wagenrennen veranstaltet wurden",[27] dass Hermes „als erster die Sterblichen auch die Ringkunst lehrte", genauso wie der Mythograph den Hirtengott Pan als Erfinder des Flötenspiels oder Daidalos als Erfinder von Säge und Zirkel bezeichnet.[28]

Traditionelles mythographisches Wissen über Ursprungsfragen breitet auch Philostrat in der einzigen aus der Antike erhaltenen Monographie über Gymnastik und Agonistik aus. Seine Schrift „Περὶ γυμναστικῆς" setzt mit der Schilderung zahlreicher mythischer Agone ein. Den Stadionlauf hätten

---

[27] Hyginus, Fabulae 274 (*quis quid invenerit*): *Elide [...] certamina quadrigarum primum instituta sunt.*
[28] Hyginus, Fabulae 274 und 276.

die Eleer eingeführt, weil ihnen ihr Gesetz vorgeschrieben hätte, Opfergaben auf dem Altar bereitzulegen und durch jenen Athleten, der am schnellsten das Stadion durchlaufen hatte, entzünden zu lassen. Ein beim Altar, d. h. beim Ziel wartender Priester, so Philostrat, hätte ihm dann dafür eine Fackel übergeben.[29]

Dann folgen aber einige Ursprungsgedanken, die mit dem konventionellen Bild, das mythische Aitiologien entwerfen, und dem kultischen Bezug der Wettkämpfe nicht harmonisierbar sind. Waffenlauf, Boxkampf, Ringen und Pankration, so Philostrat, lassen sich aus Vorbereitungsübungen für die militärische Ausbildung erklären. Dafür seien diese Disziplinen erfunden und eingeführt worden.[30]

Im 16. Kapitel widmet sich dann der kaiserzeitliche Autor in einem Exkurs der generellen Frage der Entstehung der Gymnastik und Agonistik. Hier heißt es:

[...] Entstehungsursache (γένεσις) [ist] die natürliche Fähigkeit des Menschen zu ringen und zu boxen und aufrecht zu laufen (τὸ φῦναι τὸν ἄνθρωπον); denn es entstünde wohl auch nichts dergleichen, wenn nicht die Vorbedingung der Entstehung vorhanden wäre. Und wie die Entstehungsursache (γένεσις) der Schmiedekunst das Eisen und das Erz und die des Landbaues die Erde und ihre Produkte und die der Schiffahrt das Vorhandensein des Meeres ist, so wollen wir auch festhalten, dass die Gymnastik dem Menschen urangeboren (γυμναστικὴν ξυγγενεστάτην) und mit ihm verwachsen ist (συμφυᾶ τῶι ἀνθρώπωι) (Üs. Julius Jüthner).

In der Fortsetzung dieses Kapitels kehrt Philostrat wieder in die Welt des Mythos zurück und lenkt die Aufmerksamkeit des Lesers/Hörers auf die Sagenversionen, die Prometheus, einen der großen griechischen Kulturheroen und Erfinder, und Hermes mit der Erfindung und Gestaltung der Wettkämpfe in Verbindung bringen:[31]

Und es geht eine Sage (λόγος), daß die Gymnastik noch nicht bestand, als Prometheus lebte, und dass eigenen Leibesübungen zuerst (πρῶτος) Prometheus oblag, die Einübung anderer hinwiederum Hermes einführte und ihn wegen der Erfindung (τοῦ εὑρήματος) bewunderte, und dass des Hermes Ringschule die erste (παλαίστρα [...] πρώτη) war und die von Prometheus geformten Menschen eben diese waren, die sich im Schlamme übten und welche glaubten, daß sie von Prometheus geformt

---

[29] Philostrat, Peri gymnastikes 5.
[30] Philostrat, Peri gymnastikes 7–11.
[31] Philostrat, Peri gymnastikes 16.

wurden, weil die Gymnastik ihren Körper tauglich und kräftig machte (Üs. Julius Jüthner).

Diese ambivalenten Deutungen bilden meines Erachtens auch die Grundlage für die zahlreichen modernen Interpretationsansätze zum Ursprung der Agonistik. Die Vieldeutigkeit dieser aitiologischen Erzählungen und Erklärungsversuche, die hier nur in einer Auswahl vorgestellt werden konnten, haben, wie schon angedeutet, zur Entstehung unterschiedlichster, einander widersprechender Ursprungshypothesen geführt.

Betrachten wir die Olympischen Spiele: Für sie hat Ludwig Drees bei seiner Mythendeutung kultische Hochzeitsläufe (ἱερὸς γάμος), Fertilitäts- bzw. Vegetationsbräuche, Gottesurteil durch Zweikampf (Ordal), Initiations- und Inthronisationsriten und immer wieder den Totenkult als mögliche Ursachen für die Gründung der Spiele bemüht. Und das sind nicht alle Indizien, die antike Autoren für die geschichtswissenschaftliche Ursachenforschung zur Verfügung stellen. Als Argumente für diese Deutungen dienten dabei die bei den Spielen praktizierten Opferzeremonien, Agrarkulte, Modalitäten der Siegerehrung, die kultische Nacktheit der Athleten, der Ausschluss von verheirateten Frauen von den Spielen, der archäologische Befund der Altäre und Tempel, ferner die kultischen Fixpunkte im olympischen Festprogramm, die Beinamen und Etymologien der Namen von Gottheiten (Appellative: Demeter Chamyne, Zeus/Pelops, „der die Fülle erzeugt", Hera als Jahresgöttin, Hera/Hippodameia etc.). Für die meisten dieser Argumente liefern die antiken aitiologischen Mythen die Information. Es nimmt daher auch nicht wunder, dass sich Drees mit seiner Argumentation bewusst von Julius Jüthners Auffassung vom „profanen, nicht kultischen Ursprung"[32] distanziert. Der Altphilologe hatte sozusagen die Antithese zu jener verbreiteten Ansicht vertreten, die Carl Diem auf die bekannte Formel gebracht hatte: „Alle Leibesübung war ursprünglich kultisch."[33]

Dieses Konzept der direkten Verzahnung von Agon und Kult sehe ich zum Teil als Resultat eines zu wenig kritischen Umgangs mit den mythischen Aitiologien. Ich möchte das exemplarisch anhand antiker Texte und ihrer modernen Deutung zeigen und wähle dabei bewusst zwei Agone aus, über deren Ursprung hier nur jeweils eine einzige literarische Quelle vorliegt. Im

---

[32] Drees 1962,10.
[33] Drees 1962,11.

Vordergrund steht hier das Bemühen, das Kausalitätsprinzip zwischen Religion/Kult und Agon nachweisen zu wollen.

Das erste Beispiel stammt wiederum von Herodot, das zweite von Pausanias. Das Denkmuster, das beiden Erzählungen zugrunde liegt, kehrt in der griechischen Überlieferung über den Ursprung der verschiedenen agonistischen Feste in vielen Varianten wieder. Fast immer stehen die Gründungsmythen im Zusammenhang mit Kulthandlungen. Mit anderen Worten: Das Erklärungsmodell geht in der Regel von einem religiös-kultischen Phänomen aus und leitet daraus die Einrichtung eines Sportfestes oder die erfolgreiche Teilnahme der Athleten am olympischen Agon ab.

Als erstes Beispiel in seiner Studie „Der griechische Agon. Kampf und Kampfspiel im Totenbrauch, Totentanz, Totenklage und Totenlob" führt Karl Meuli eine Erzählung von Herodot an, die sich mit der Gründung von gymnischen und hippischen Agonen auf Korsika beschäftigt. Der griechische Historiograph verknüpft diese Wettkämpfe mit einem Vorfall, der hier aus zwei Gründen erwähnenswert erscheint.[34]

Zunächst zur Vorgeschichte: Die Phokaier hatten nach der Mitte des 6. Jahrhunderts v. Chr. ihre kleinasiatische Heimat verlassen, um sich auf Kyrnos (= Korsika) anzusiedeln. Sie gerieten daraufhin in kriegerische Auseinandersetzungen mit Etruskern und Karthagern. Dabei wurden die meisten Phokaier durch Steinigung vor dem Stadttor von Alalia getötet. Für die Steiniger, die die Toten offensichtlich nicht bestattet hatten – im antiken Verständnis ein besonders gravierendes Sakrileg –, blieb das nicht ohne Folgen. Sie hätten nach Herodot folgenden Schicksalsschlag erlitten:[35]

Was an der Stelle vorbeiging, an der die Phokaier gesteinigt lagen, wurde verkrüppelt, verstümmelt oder vom Schlag getroffen, Kleintiere, Zugvieh und Menschen in gleicher Weise. Da schickten die Agyllaier [Etrusker] nach Delphi, um den Frevel zu sühnen. (2) Die Pythia aber hieß sie tun, was sie bis zum heutigen Tage beibehalten haben. Sie bringen den Phokaiern reiche Totenopfer dar und veranstalten gymnastische Kampfspiele und Wagenrennen (ἀγῶνα γυμνικὸν καὶ ἱππικόν) (Üs. Josef Feix).

Die athletischen Agone und Wagenrennen fanden in den Jahren, als Herodot sein Werk über den Perserkrieg niederschrieb, noch statt (νῦν), das heißt, dass sie auf eine hundertjährige Geschichte zurückblicken konnten. Diese

---

[34] Meuli 1926/1968,58.
[35] Herodot 1.167.1–2.

lange Dauer des Sportfestes ist der *eine* Grund, warum die herodoteische Erzählung bemerkenswert erscheint. Der *zweite* Grund ist die unmittelbare kausale Verknüpfung der Spiele, zum einen mit einem Totenopfer, zum anderen mit einem Religionsfrevel, für den Delphi Sühne einmahnt. Sakrileg, Totenkult und Agon stehen hier ganz offensichtlich in einem Ursache-Wirkung-Verhältnis.

Ein zweites Beispiel entnehme ich dem originellen Buch „Kulte des Altertums" (1998) von Walter Burkert, dessen Hauptabsicht und zentrale These es hier ist, die biologischen, genauer gesagt, die soziobiologischen und ethologischen Grundlagen der Religion nachzuweisen. Der Altphilologe und Autor zahlreicher Studien zur griechischen Religion ist überzeugt davon, dass „die interkulturelle Ähnlichkeit religiöser Phänomene [...] unverkennbar"[36] sei und religiöse Grundmuster des Verhaltens – er bezeichnet sie als „Universalien der Anthropologie"[37] – „auf der ganzen Welt" existierten. Hinter ihnen stünde, so Burkert, ein biologisches Programm, ein „biologisches Fundament".[38] Erst auf dieser Grundlage könne der Historiker kulturelle Eigenheiten identifizieren.

Der antike Text, auf den hier Bezug genommen wird, stammt von Pausanias (ca. 115–180), der sich im 7. Buch bei der Beschreibung des Ortes Paleia in Achaia (später Dyme genannt) daran erinnert, dass der Olympionike Oibotas aus dieser Siedlung stammt.[39] Schon im 6. Buch hatte sich der ‚antike Baedeker' bei seiner Beschreibung der Siegerstatuen in Olympia mit der Biographie dieses Athleten kurz und kritisch auseinandergesetzt.[40] Oibotas soll seinen Sieg im Stadionlauf bei den 6. Olympischen Spielen (nach antiker Chronologie: 756 v. Chr.) errungen, anderseits aber auch an der Schlacht von Plataia gegen die Perser (75. Olympiade = 480 v. Chr.) teilgenommen haben.[41] Seine Statue in der Altis, so Pausanias, sei aufgrund eines göttlichen Spruches, vermutlich des delphischen Orakelgottes Apollon, von den Achaiern erst in der 80. Olympiade (= 460 v. Chr.), fast dreihundert Jahre nach

---

[36] Burkert 1998,17.
[37] Burkert 1998,16.
[38] Burkert 1998,21.
[39] Pausanias 7.17.5–7 erwähnt auch das Siegerepigramm: „Oinias' Sohn Oibotas, der Achaier hier, der im Stadion siegte,/machte seine Vaterstadt Paleia berühmter." Zu Oibotas vgl. Moretti 1957,60 (Nr.6).
[40] Pausanias 6.3.8. Siehe auch Buhmann 1975,49.
[41] Dazu Moretti 1957,60 Nr.6.

dessen Sieg aufgestellt worden.[42] Diese chronologischen Ungereimtheiten veranlassen den Reiseschriftsteller zu einem für seine Arbeitsmethode bemerkenswerten Vorbehalt; er bekennt nämlich:[43] „Ich muß eben das berichten, was von den Griechen gesagt wird, muß aber durchaus nicht alles glauben. Was sonst noch mit Oibotas geschah, wird in meinem Buch über Achaia stehen" (Üs. Ernst Meyer).

Bei seiner Beschreibung von Achaia im 7. Buch schildert Pausanias sodann folgendes Ereignis:[44]

Im Gebiet von Dyme befindet sich auch das Grab des Läufers Oibotas. Als er an den Olympien als erster Achaier gesiegt hatte, wurde ihm von ihnen keine besondere Ehrung zuteil, und deshalb bewirkte er durch einen Fluch (κατάρα), daß kein Achaier einen olympischen Sieg mehr errang. Einst nun wurden die Achaier, da es einen Gott gab, dem es nicht gleichgültig war, daß die Flüche des Oibotas in Erfüllung gingen, davon unterrichtet, aus welchem Grunde sie den Kranz in Olympia verfehlten; sie wurden aber dadurch unterrichtet, daß sie nach Delphoi schickten. Als sie so noch anderes zur Ehre des Oibotas taten und seine Statue nach Olympia weihten, errang Sostratos aus Pellene einen Stadionsieg bei den Knaben. Es ist aber heute noch Sitte, daß die Achaier, die an den olympischen Wettkämpfen teilnehmen wollen, dem Oibotas opfern und, wenn sie gesiegt haben, in Olympia die Statue des Oibotas bekränzen (Üs. Ernst Meyer).

Hier geht es somit nicht um das Junktim Kult und Agon-Gründung, sondern um die Einrichtung kultisch-ritueller Handlungen, die es den Athleten einer Gemeinde offenbar ermöglichen, in Olympia zu siegen. Die Erzählung des Pausanias über die postume Ehrung des Olympioniken Oibotas, zu der das Orakel von Delphi seine Heimatgemeinde auffordert, ist, wenn ich nichts übersehen habe, das einzige agonistische Beispiel, das Walter Burkert im Kapitel „Schuld und Kausalität" der oben zitierten Monographie über die Kulte des Altertums behandelt (in anderen Publikationen hat der Autor ausführlich zum antiken Agon und seinen kultisch-religiösen Bezügen Stellung genommen). Das Aition in dieser Pausaniasnotiz für die dreihundert Jahre während Sieglosigkeit der Achaier in Olympia (von der 6. bis zur 80. Olympiade) ist der Fluch (κατάρα) des enttäuschten Oibotas, für den der delphische Apollon Sühne von den Achaiern fordert.

---

[42] Siehe Herrmann 1972,244 A.441.
[43] Pausanias 6.3.8.
[44] Pausanias 7.17.13f. (Üs. Ernst Meyer)

Mit der Aufstellung einer Siegerstatue und weiteren kultischen und profanen Ehrenbezeugungen (Weihung der Statue im Kultbezirk der Altis, Bekränzung durch erfolgreiche Athleten, Opfer der Olympiateilnehmer, wohl am Grab in Paleia) werden die Voraussetzungen dafür geschaffen, dass Achaier bei den olympischen Agonen wieder siegen können. Nach der Erfüllung der Auflagen des Orakels von Delphi dauert es auch nur kurze Zeit, bis die Achaier sich wieder über einen Olympiasieger freuen können.[45] Ähnlich wie Herodot betont auch Pausanias, dass noch zu seiner Zeit, also mehr als 600 Jahre nach den Sühneriten für Oibotas (und fast tausend Jahre nach dessen Sieg), die Teilnehmer an den Olympischen Spielen dem ersten Olympioniken aus Achaia Opfer darbrachten.

In seinem Kommentar zu diesen Pausaniasnotizen betont Burkert, dieser Erzähltypus komponiere „eine Folge von Fakten zu einem Sinnzusammenhang".[46] Die Ursache für einen bestimmten Zustand, in diesem Fall: die Erfolglosigkeit der achaiischen Athleten steht dabei in kausalem Konnex zur Ignoranz der Heimatgemeinde ihrem Olympioniken gegenüber.

Viele Zeugnisse künden davon, dass die Bevölkerung anderer Städte die Siege ihrer Athleten in der Regel mit enthusiastischer Begeisterung feiert und zu den Ehrungen, die kultische Funktion erreichen können, oft materielle Güter hinzukommen.[47] Aus unbekannten Gründen ist das in der Heimatgemeinde des Oibotas nicht geschehen. Auf die Folgen verweist der Berichterstatter. Die logische Konsequenz, die aus dem Dilemma herausführt, liegt in der Sühnehandlung begründet. So wird die alte Schuld beglichen, das Unheil behoben. Das Ausbleiben von weiteren Siegen in Verbindung mit der Verfluchung der Paleier durch den Olympioniken hatte die Polis veranlasst, eine Gesandtschaft nach Delphi zu schicken.

Die Schilderung des Pausanias basiert zwar auf einem vorwissenschaftlichen Konzept, ist aber in sich schlüssig und aitiologisch.

Zum Grundsätzlichen nochmals Burkert: „Im Alltag stellt sich die Frage ‚warum?' bei jedem auffälligen Verhalten: Was tust du da, warum tust du das? Die Antwort besteht in der Regel in einer Erzählung."[48] Im konkreten Fall lautet die „Warum-Frage": Wie kann die Negativserie der achaiischen Athleten abgewendet werden? Und Pausanias beantwortet die Frage mit dem

---

[45] Moretti 1957,97 (Nr.263): 80. Olympiade (460 v. Chr.).
[46] Burkert 1998,137.
[47] Buhmann 1975,47–52.
[48] Burkert 1998,137.

Hinweis auf die Maßnahmen, die nach dem Orakelspruch in der Gemeinde des Oibotas getroffen werden. Wer diese antiken Sportfeste aus dem Blickwinkel ihres angeblich religiöskultischen Gründungsmythos interpretiert, wird auch verstehen, warum sich in der Kaiserzeit und zunehmend in der Spätantike christliche Autoren von den Vorgängen in Stadion, Circus und Amphitheater mit zum Teil heftigen Invektiven distanzieren. Dabei handelt es sich nicht um die schon seit Xenophanes (ca. 570–475/470 v. Chr.) wohlvertrauten Argumente einer Athletenschelte. Es geht vielmehr um das Beziehungsgeflecht Sport und Religion, oder, um es mit den Worten eines Kirchenschriftsteller zu sagen, um Schauspiele (*spectacula*), die ihren Ursprung auf pagane kultische Riten und Aberglauben (*superstitio*) zurückführen.

Tertullian (ca. 160–nach 220 n. Chr.) hat dafür das bekannte Wort geprägt: *et palaestrica diaboli negotium est*.[49] Kernpunkt seiner Kritik an den Wagenrennen, den griechischen und römischen athletischen Wettkämpfen, den Gladiatorenspielen, auch an den Theateraufführungen, ist das untrennbare Junktim von paganer Religion und Unterhaltungskultur, das er in zahlreichen Erscheinungsformen dokumentiert und von dem sich seine christlichen Adressaten nicht lossagen wollen. Dazu zählen nach Tertullian magische Beschwörungsformeln (*magicae devinctiones*), die kultischen und abergläubischen Bräuche (*ceteri ritus superstitionum*) sowie der Götzendienst der Priesterschaften (*idol600latria*).[50] Alle Wettkampf-Veranstaltungen seien von Anfang an in zwei Kategorien (*primordio bifariam*) eingeteilt gewesen, in die *ludi sacri* und in die *ludi funebres*, die der Verehrung paganer Gottheiten und dem Totenkult (*deis nationum et mortuis*)[51] dienen sollten. In seiner Kritik an jenen Christen, die diese *spectacula* besuchten und dies damit begründeten, dass alles von ihrem Gott selbst so eingerichtet worden sei und die Heilige Schrift (*scriptura divina*) kein Besuchsverbot kenne, spricht Tertullian zynisch davon, dass sich „die menschliche Ignoranz in ihrer Beweisführung" wohl sehr weise vorkomme: *quam sapiens argumentatrix sibi videtur ignorantia humana* [...].[52] Wissenschaftsgeschichtlich gesehen hat diese theologische Argumentation wohl dazu beigetragen, dass in den folgenden

---

[49] Tertullian, De spectaculis 18.3; dazu Müller 1995,336f.
[50] Vor allem Tertullian, De spectaculis 2–5.
[51] Tertullian, De spectaculis 6.3.
[52] Tertullian, De spectaculis 2.2.

Jahrhunderten – aus christlicher Sicht – pagane Agonistik von anderen Formen der Freizeitgestaltung verdrängt wurde.

Summa summarum

1. Monokausale Erklärungen, wie sie der aitiologische Mythos anbietet, halte ich für problematisch, zum einen deshalb, weil sie häufig auf sehr frühe Zeiträume verweisen, über die, kurz gesagt, keine Quellen existieren. Anderseits widersprechen sie einander und ignorieren die Vielfalt der Faktoren, die ein so hochkomplexes Phänomen wie die Agonistik prägen.[53]
2. Dieser Monokausalismus wäre in seiner Banalität vernachlässigbar, würden die aitiologischen Gründungssagen nicht dazu beitragen, die Agonistik und Gymnastik regelmäßig mit Religion und Kult zu assoziieren und damit ein Argumentationspotenzial für die Bildung einer fragwürdigen *communis opinio* liefern.
3. Die griechische Terminologie unterscheidet zwischen heiligem und profanem Agon (ἀγών ἱερός und ἀγών στεφανίτης sowie ἀγών θηατικός und ἀγών χρηματίστης), bei dem es materielle Preise zu gewinnen gibt; damit sind schon zwei Faktorengruppen angesprochen.
4. Dem entspricht auch, dass als Agonotheten zum einen Priesterschaften, zum anderen profane Institutionen und Beamte fungieren. Auffällig dabei ist, dass die olympischen Hellanodiken so gut wie keine priesterlichen Funktionen ausüben.
5. Dass die Stiftung von Agonen mit dem Bedürfnis nach sozialer, ökonomischer und politischer Kommunikation, mit Identifikationsfindung und „kompetitiver Selbst-Präsentation" erklärt werden kann, darauf hat Christoph Ulf aufmerksam gemacht.[54]
6. Ein Beispiel, wie Herrscher den Agon religionspolitisch instrumentalisieren können, hat die Studie von Sophia Aneziri verdeutlicht:[55] „Kulte, Feste und Agone" werden eingerichtet, um auf diesem Wege, so die These der Autorin, die „Herrschaft religiös zu untermauern und die Loyalität [... der] Untertanen zu sichern".

---

[53] Vgl. Zaidman 1994,109.
[54] Ulf 1997,43–46.
[55] Aneziri 2003,117.

7. Gelegentlich wird in der sporthistorischen und altertumswissenschaftlichen Forschung dezidiert jede religiös-kultische Komponente für den Ursprung des Agons zurückgewiesen. Diese Auffassung von den profanen Wurzeln hat beispielsweise Julius Jüthner vertreten.[56]
8. Seit einem halben Jahrhundert argumentieren auch Humanethologen für die Akzeptanz dieser Wissenschaftsposition. In der sportethologischen Forschung entfernt man sich, wie kaum anders zu erwarten, immer weiter vom religiös-kultischen Deutungsmuster.[57]
9. Abgesehen von der Eigenwilligkeit des Begriffsverständnisses von David Sansone („ritual sacrifice of physical energy") steht auch dieser Autor bei seiner Interpretation der Genese des Griechensports der humanethologischen Auffassung sehr nahe.
10. Möglicherweise haben schon Platon und in entschiedener, wenn auch ambivalenter Form Philostrat unter Verzicht auf religiöse Interpretationen die elementaren biologischen Wurzeln des Agons und den angeborenen Bewegungsdrang des Menschen als Ausgangspunkt für das Wettkampfverhalten betont.[58]
11. Vor diesem Hintergrund sind auch die divergierenden Theorien über die Säkularisierung respektive Profanisierung im antiken Sport zu verstehen. Mit seinem Buchtitel „From Ritual to Record" hat Allen Guttmann diesen Prozess formelhaft umschrieben.[59]
12. Schlussendlich: Die Thematik macht auch wieder einmal deutlich, dass die im 19. Jahrhundert propagierte Unterscheidung, die den Naturwissenschaften die Aufgabe des Erklärens der Phänomene, den Geisteswissenschaften die des Verstehens zuweist, hier nicht zum Tragen kommen kann. Hier geht es um Erklärungen, um Überlegungen zum Kausalitätsprinzip und um ein historisches Konzept, das

---

[56] Jüthner 1939,230–264; ders. 1965,46; siehe auch Drees 1962,10. Vgl. auch weitere Theorien bei Ueberhorst 1972, Band 1, 11–47.
[57] Vgl. dazu die Literaturangaben bei Weiler 2007,42–45.
[58] Platon, Nomoi 653 D spricht beim Menschen von einem spontanen lustbetonten Hüpfen und Springen, das harmonisch und rhythmisch zu sein scheint und das sich von dem der anderen Lebewesen unterscheidet. Nomoi 672 C wird über das regellose Hin- und Herspringen junger Menschen berichtet, und dazu heißt es, wir sollten uns „daran erinnern, dass wir dies für die Anfänge von Musik und Gymnastik erklärt haben."
[59] Guttmann 1987.

schon Edward Gibbon (1737–1794) mit den Worten umschrieben hat: „History is the science of causes and effects."[60]

Literatur

Aneziri S.: Die Vereine der dionysischen Techniten im Kontext der hellenistischen Gesellschaft. Untersuchungen zur Geschichte, Organisation und Wirkung der hellenistischen Technitenvereine. Wiesbaden 2003 (Historia Einzelschriften. Heft 163)

Auffarth Ch.: Religion (Griechenland). In: DNP 10 (2001),903-910

Buhmann H.: Der Sieg in Olympia und in den anderen panhellenischen Spielen. München 2. Auflage 1975

Burkert W.: Homo Necans. Interpretationen altgriechischer Opferriten und Mythen. Berlin-New York 1972 (Religionsgeschichtliche Versuche und Vorarbeiten, Band 32)

Burkert W.: Heros, Tod und Sport. Ritual und Mythos der Olympischen Spiele in der Antike. In: G. Gebauer (Hg.): Körper- und Einbildungskraft. Inszenierungen des Helden im Sport. Berlin 1988, 31–43

Burkert W.: Das Opferritual in Olympia, in: G. Gebauer (Hg.): Olympische Spiele – die andere Utopie der Moderne. Olympia zwischen Kult und Droge. Frankfurt am Main 1996,27–38

Burkert W.: Kulte des Altertums. Biologische Grundlagen der Religion. München 1998

Demandt A.: Der Fall Roms. Die Auflösung des römischen Reiches im Urteil der Nachwelt. München 1984

Diem C.: Weltgeschichte des Sports. Stuttgart 1960, 3. Auflage 1971, 2 Bände

Dodds E.R.: Die Griechen und das Irrationale. Darmstadt 1970

Drees L.: Der Ursprung der Olympischen Spiele. Schorndorf 1962 (Beiträge zur Lehre und Forschung der Leibeserziehung. Band 13)

Fantucci M.: Aitiologie. In: DNP 1 (1996/1999),369–371

Golden M.: Sport and Society in Ancient Greece. Cambridge 1998

Guttmann A.: From Ritual to Record: The Nature of Modern Sports. New York 1987

Herrmann H.-V.: Olympia. Heiligtum und Wettkampfstätte. München 1972

Huizinga J.: Homo Ludens. Vom Ursprung der Kultur im Spiel. Hamburg 1938/1991

Jüthner J.: (Hg. Friedrich Brein): Die athletischen Leibesübungen der Griechen. Erster Teil: Geschichte der Leibesübungen. Wien 1965 (Österreichische Akademie der Wissenschaften, philos.-histor.Klasse, Sitzungsberichte. 249. Band, 1. Abhandlung)

Jüthner J.: Herkunft und Grundlagen der griechischen Nationalspiele. In: Die Antike 15 (1939),230–264.

Kranz W.: Die griechische Philosophie. Zugleich eine Einführung in die Philosophie überhaupt (1941). Köln 1997 (Sammlung Dieterich. Band 88)

Mansfeld J.: Die Vorsokratiker. Stuttgart 1986, 2 Bände.

Meuli K.: Der griechische Agon. Kampf und Kampfspiel im Totenbrauch, Totentanz, Totenklage und Totenlob (Habil.-Schrift Basel 1926). Köln 1968 (Historisches Seminar der Deutschen Sporthochschule Köln)

---

[60] Zitiert bei Demandt 1984,521.

Moretti L.: Olympionikai. I vincitori negli antichi agoni Olimpici. Rom 1957 (Atti della Accademia Nazionale dei Lincei. Anno CCCLIV–1957. Memorie, Classe di Scienze morali, storiche e filologiche. Serie VIII–Volume VIII, Fascicolo 2)

Müller St.: Das Volk der Athleten. Untersuchungen zur Ideologie und Kritik des Sports in der griechisch-römischen Antike. Trier 1995 (Bochumer altertumswissenschaftliches Colloquium. Band 21)

Nestle W.: Vom Mythos zum Logos. Die Selbstentfaltung des griechischen Denkens von Homer bis auf die Sophistik und Sokrates. Stuttgart 1940, 2. Auflage 1942, ND Darmstadt 1966

Sansone D.: Greek Athletics and the Genesis of Sport. Berkeley/Los Angeles/London 1988

Thuillier J.-P.: Sport im antiken Rom (1996). Darmstadt 1999

Ueberhorst H.: Ursprungstheorien. In: Ders. (Hg.): Geschichte der Leibesübungen. Berlin 1972. Band 1, 11–47

Ulf Ch./I. Weiler: Der Ursprung der antiken olympischen Spiele in der Forschung. Versuch eines kritischen Kommentars. In: Stadion 6 (1980), 1–38

Ulf Ch.: Überlegungen zur Funktion überregionaler Feste im archaischen Griechenland. In: W. Eder/K.-J. Hölkeskamp (Hg.): Volk und Verfassung im vorhellenistischen Griechenland. Beiträge auf dem Symposium zu Ehren von Karl-Wilhelm Welwei in Bochum, 1.–2. März 1996. Stuttgart 1997, 37–61

Ulf Ch.: Ilias 23: Die Bestattung des Patroklos und das Sportfest der ‚Patroklos-Spiele' – Zwei Teile einer mirror-story. In: H. Heftner/K. Tomaschitz (Hg.): Ad Fontes! Festschrift für Gerhard Dobesch zum fünfundsechzigsten Geburtstag am 15. September 2004. Wien 2004, 73–86

Weiler I.: Die Anfänge von Leibesübungen. Sport in universalhistorischer Sicht (mit Berücksichtigung der Antike und ihres Nachlebens). In: E. Bruckmüller, H. Strohmeyer (Hrsg.), Turnen und Sport in der Geschichte Österreichs, Wien 1998, 6–19

Weiler I.: Historische und ethologische Anmerkungen zum Fußballspiel. In: Jürgen Court/Arno Müller/Christian Wacker (Hg.): Jahrbuch 2006 der Deutschen Gesellschaft für Geschichte der Sportwissenschaft e.V. Fußballsport und Wissenschaftsgeschichte. Berlin: LIT 2007), 26–45 (Studien zur Geschichte des Sports. Band 2)

Zaidmann L. B./P. Schmitt-Pantel: Die Religion der Griechen. Kult und Mythos. München 1994

Athlet und Altis –
Die antiken Olympischen Spiele in der deutschen Fachliteratur

Christian Wacker

Warum ausgerechnet Olympia?[1] Olympia, jenes Heiligtum weit im Westen der griechischen Halbinsel Peloponnes, lag schon in der Antike abseits der großen Zentren und für Reisende des 18. und 19. Jahrhunderts schier unerreichbar vom Rest der Welt.[2] Friedrich Thiersch etwa, Gefolgsmann und Protagonist von König Otto von Griechenland, erreichte Olympia im Jahre 1832 nur unter größten Strapazen. Thiersch wähnte sich am Ende der Welt:

> Der Abend war im Anbruch. Wir begnügten uns deshalb für heute mit dem ersten Anblick und die Untersuchung des einzelnen auf den folgenden Tag verschiebend, eilten wir noch vor der Nacht das arme auf der hintern Anhöhe liegende Dorf Miraka zu erreichen, wo wir, um in den Hütten dem Ungeziefer zu entgehen, auf der Area einer Tenne unser Nachtlager aufschlugen, [...][3]

---

[1] Diese Frage mag aus wirkungsgeschichtlicher Sicht als beantwortet gelten, da die olympischen Spiele der Antike stets stärkere Beachtung fanden als Wettbewerbe anderer panhellenischer oder auch bedeutender regionaler Stätten wie etwa Athen. Wissenschaftliche, aber auch populäre Darstellungen dazu bestimmen die sporthistorische Forschung zur Antike seit jeher. Die Gründe dafür liegen nicht zuletzt darin, dass die antiken olympischen Spiele schon in der Antike bis in das 6. nachchristliche Jahrhundert hinein reflektiert wurden. Hierzu siehe v.a. Weiler, Ingomar, Der Sport bei den Völkern der Alten Welt, Darmstadt 1988 (2. Auflage), 105. Die Spiele in Olympia wurden als die ältesten und bedeutendsten Spiele angesehen, was ein umfangreicher Katalog an Ursprungstheorien dokumentiert. Siehe Ulf, Christoph/Weiler, Ingomar, Der Ursprung der antiken Olympischen Spiele in der Forschung, in: Stadion 6, 1980, 1–38. Zweifel am hohen Alter der Spiele in Olympia sind allerdings angebracht. Kyle, Donald G., Sport and Spectacle in the Ancient World, Malden u.a. 2007, 105–106; Wacker, Christian, The Record of the Olympic Victory List, in: Nikephoros 11, 1998, 39–50.

[2] Es verwundert deshalb nicht, dass die Stätte des antiken Olympia erst im 18. Jahrhundert (wieder)-entdeckt wurde. Eine Zusammenfassung der Wiederentdeckung findet sich bei Sinn, Ulrich, Das antike Olympia. Götter, Spiel und Kunst, München 2004, 38–55.

[3] Thiersch, Heinrich W.J. (Hg), Friedrich Thierschs Leben, Leipzig u.a. 1866, Bd. 2, 329; Lennartz, Karl, Kenntnisse und Vorstellungen von Olympia und den Olympischen Spielen in der Zeit von 393–1896, in: Theorie der Leibeserziehung (Texte – Quellen – Dokumente), Schorndorf 1974, 151. Bei Lennartz ist eine ganze Reihe von Originaltexten zur Entdeckung Olympias und Olympischen Spielen vor 1896 zusammengestellt worden.

Der Griechenlandschwärmer und Romantiker Lord Byron, der den griechischen Freiheitskampf gegen die Osmanen führen wollte, kam 1810 in das Tal von Olympia und erkrankte an Malaria.[4] Dafür war Olympia im 19. Jahrhundert durchaus bekannt. Selbst die ersten Ausgrabungen der französischen *Expédition scientifique de Morée* 1829 unter der Leitung von Abel Blouet mussten wohl aufgrund ernsthafter Erkrankungen einiger Mitarbeiter abgebrochen werden.[5]

Und trotzdem zieht und zog Olympia viele in seinen Bann: Literaten, Humanisten, Professoren und Lehrer, Sportler, Sportfunktionäre, Reisende und Schwärmer, Archäologen und Historiker, Künstler, Gläubige, Sportwissenschaftler. Olympia galt seit jeher als die Wiege des Sports, die Wettkämpfe im heiligen Hain der Altis an den Ufern von Alpheios und Kladeos dienten als Blaupause nicht nur der modernen Olympischen Spiele mit ihren vermeintlichen Idealen, die angeblich seit Jahrtausenden das menschliche Miteinander erleichtern (Fairness, Toleranz, Internationalismus oder Globalisierung? usw.).[6]

Die Olympischen Spiele wurden schon in der Antike kopiert und nachgeahmt. Die Wettkämpfe zu Ehren des Zeus, über mehr als tausend Jahre in Olympia praktiziert, standen Pate für sogenannte isolympische Spiele. Solche Spiele wollten so sein wie die olympischen und wurden über die Jahrhunderte vom 3. vorchristlichen bis zum 4. Jahrhundert n. Chr. von Neapel bis Antiocheia, dem heutigen Antakya im Südosten der Türkei und bis nach Syrien veranstaltet.[7] Damit wurden die Olympischen Spiele schon in der

---

[4] Prothero, Rowland E. (Hg), Lord Byron: The Works, Bd. 1: Letters and Journals, London u.a. 1898, 307.

[5] Sinn (2004) a.O. 41–43.

[6] Die direkte Linie von den antiken zu den modernen Olympischen Spielen wurde von Pierre de Coubertin in seiner ethischen und Wertediskussion gezogen und von Sporthistorikern und Sportjournalisten bis heute gefestigt. Weiler (1988) a.O. hatte entscheidenden Anteil daran, dass die vom ‚agonalen Ideal' der Griechen bestimmte eingleisige Darstellungsweise aufgebrochen wurde zu Gunsten breiter angelegter Darstellungen zum Sport in antiken Hochkulturen. Symptomatisch dafür ist das Handbuch von Crowther, Nigel B., Sport in Ancient Times, Westport 2007. Siehe auch Weiler, Ingomar, Wider und für das agonale Prinzip – eine griechische Eigenart? Wissenschaftsgeschichtliche Aspekte und Grundsatzüberlegungen, in: Nikephoros 19, 2006, 81–110; Wacker, Christian, Antike Sportgeschichte versus Geschichte des Agon, in: Court, Jürgen (Hg) Jahrbuch 2005 der Deutschen Gesellschaft für Geschichte der Sportwissenschaft e.V. (= Studien zur Geschichte des Sports Bd. 1), Berlin 2006, 39–44.

[7] König, Jason, Athletics and Literature in Roman Empire, Cambridge 2005, 163–169. Auch die Wettkämpfe in den panhellenischen Heiligtümern wurden bis in das 5. und 6. Jahrhundert n. Chr. abgehalten. Lehmann, Stefan, Spätantike Agone in Olympia und den anderen ‚panhel-

Antike zum sagenumwobenen Mythos, vielfach besungen und freilich außergewöhnlich. So war es Ziel eines jeden Hellenen, mindestens einmal nach Olympia zu pilgern, um als Zuschauer an Olympischen Spielen teilzunehmen. Der Besuch Olympias war Teil gesellschaftlichen Sozialprestiges.[8]

Für antikes Verständnis waren die Wettkämpfe in Olympia die ältesten, ehrwürdigsten und bedeutendsten. Eine Vielzahl von Legenden rankte sich um deren Ursprung, der natürlich nur göttlich oder heroisch sein konnte. War es der Heros Pelops, der sich mit List und Tücke die Peloponnes einverleibte, oder Iphitos oder gar Herakles oder Kronos selbst? Die Liste der mythischen Gründerväter der Olympischen Spiele ist lang und respekteinflößend.[9] Auch das in den Quellen vermerkte Alter der Spiele ist außergewöhnlich: 776 v. Chr. sollen die ersten Stadionläufe an den Ufern des Alpheios organisiert worden sein, ca. 200 Jahre vor anderen großen griechischen Wettkampfstätten wie Nemea, Delphi oder Isthmia. Ganz offenkundig bemühten sich schon antike Schriftsteller, die Bedeutung Olympias als Wettkampfstätte und Wiege der Agonistik und damit des Sports herauszustellen.[10]

Das Feld war somit bestellt, um Olympia und nicht etwa Nemea oder Isthmia als Vorbild für Sportfeste unterschiedlichster Art ab dem späten Mittelalter und der frühen Neuzeit zu bemühen. Mehr als 100 Kirchen- und Brauchtumsfeste, Kirmesveranstaltungen, Wettkämpfe, Handwerksmessen und kulturelle Events vor den ersten Olympischen Spielen der Moderne 1896 in Athen trugen den Titel ‚Olympische Spiele'. Unter diesen seien die bedeutendsten mit den *Olimpick Games upon Cotswold Hills* (seit dem 17. Jh.) aus England, die Olympischen Spiele am Drehberg bei Wörlitz (18. Jh.), die im Rahmen des Oktoberfestes in München, die im schwedischen Ramlösa bei Hälsingborg und die vielen lokalen *Olimpiakoi Agones* in unterschiedlichsten Ortschaften Griechenlands erwähnt. Äußerst populär waren die

---

lenischen' Heiligtümern. Neue Perspektiven für die Geschichte der Agonistik, in: ISHPES-Studies, Bd. 13/2, Sankt Augustin 2007, 64–72.
[8] Das antike Quellenmaterial zu Zuschauern ist unter www-gewi.uni-graz.at/spectatores zusammengefasst. Siehe auch Decker, Wolfgang, Sport in der griechischen Antike, München 1995, 126–129; Ebert, Joachim u.a., Olympia. Von den Anfängen bis zu Coubertin, Leipzig 1980, 89–92.
[9] Ulf/Weiler (1980) a.O. 1–38.
[10] Kyle (2007) a.O. 105–106; Wacker (1998) a.O. 39–50.

Olympien in Athen zwischen 1859 und 1889 unter der Patronage und der finanziellen Unterstützung des großen Euergeten Evengelos Zappas.[11]

Deshalb also Olympia! Einige statistische Zahlen mögen unterstützen, dass gerade Olympia eine Beachtung erfährt und erfuhr wie kein zweiter Ort im antiken Griechenland. Die Motivationen hierfür sind unterschiedlicher Art und reichen von altertumswissenschaftlichem Interesse über Griechenlandschwärmerei bis hin zu einer Fülle sportwissenschaftlicher und sportpopulistischer Literatur. Einige Zahlen können dies veranschaulichen: mehr als 6000 Bücher wurden bis heute über Olympia geschrieben, angefangen bei antiker Literatur bis hin zu modernen olympischen Sportberichten, in denen Rückbezüge zu antiken Olympischen Spielen gesucht werden. Allein 177 Reisende des 19. Jahrhunderts haben ihre Erlebnisse zu Papier gebracht, mehr als 1500 im 20. Jahrhundert.[12] Beim Buchgrossisten *Amazon* werden unter dem Stichwort ‚Olympia' derzeit 392 aktuelle Titel gemeldet, im online-Antiquariat *Abebooks* sogar 1856 Titel.[13] *Google* kennt gar über 38 Millionen Einträge, ungefiltert und unkommentiert, versteht sich.[14] Mit dieser Auflistung wird klar, dass im Folgenden nur wenige Berichte über Olympia durch die Jahrhunderte hinweg ausgewählt werden können, um der Frage nach dem allgemeinen Interesse am Phänomen Olympia nachgehen zu können.

Mit der Erfindung des Buchdrucks im ausgehenden Mittelalter konnten Schriften und Bücher erstmals in Mitteleuropa einer breiteren Leserschar zugänglich gemacht werden. Schriftgut war nun nicht mehr nur einer zumeist klerikalen Oberschicht vorbehalten, auch die Bürgerschaft konnte sich nun lesend informieren und bilden. Es wundert deshalb nicht, dass viele der Bücher des 15. und 16. Jahrhunderts einen sehr elementaren Inhalt hatten wie etwa das Lexikon *De Inventaribus Rerum* von Virgilius Polydorus von

---

[11] Molzberger, Ansgar/Wacker, Christian, Die Entdeckung der Olympischen Spiele, in: Lämmer, Manfred/Wacker, Christian (Hg), Olympia. Werte, Wettkampf, Weltereignis, Köln 2008; Decker, Wolfgang/Dolianitis, Georgios/Lennartz, Karl (Hg), 100 Jahre Olympische Spiele. Der neugriechische Ursprung, Würzburg 1996, 41–79.

[12] Diese Daten können über folgende Seite geladen werden: www.uni-muenster.de/Hellas/Reiseberichte.shtml.

[13] Stand vom Januar 2008.

[14] Das Reparaturhandbuch des Opel Kapitän Olympia ist in dieser Auflistung freilich ebenso enthalten wie die Gebrauchsanleitung der Schreibmaschine Olympia.

1491.[15] Marcus Tatius Alpinus fertigte 1537 die erste deutsche Ausgabe *Von den erfyndern der dyngen* an. Das dreizehnte Kapitel ist mit folgender Überschrift versehen:

Wer erstlichen bey den Griechen den Olympischen Kampff / Die Pythischen / Isthmischen / Nemeischen / Gymnischen und Todtenschawspyl / Auch das Rennet / o. der Turnier / Und Fechtschul auf gepracht hab / und von wem der Ballen / des Brets / und der Würfflenspyl erfunden sey.[16]

Alpinus übersetzte bzw. interpretierte wohl im gleichen Jahr 1537 eine Schrift über den Trojanischen Krieg, in der ein sehr aufschlussreiches Bild unkommentiert integriert wurde, das auch in einigen Ausgaben des lateinischen Lexikons von Polydorus wiederkehrt. Dieses Bild des Augsburger Holzschneiders Hans Burgkmair nimmt damit direkt Bezug auf die Griechen als Erfinder des Olympischen Kampfes, stellt aber Akrobatik-, Ringer- und Szenen mit Gewichthebern dar. Eingebettet sind dieses Kräftemessen und diese Leibesübungen in eine spätmittelalterliche bis renaissancezeitliche Szenerie in freier Natur und mit Zuschauern in zeitgenössischer Mode.[17]

Die Autoren des späten 15. und frühen 16. Jahrhunderts hatten offenkundig keine Schwierigkeiten, deren Wettkampf-, Akrobatik- und Markttreiben in eine Tradition mit den Wettkämpfen der Antike zu stellen. Auf sehr munter eklektizistische Art und Weise wird die Erfindung der verschiedenen ‚Schauspiele' der Griechen mit der des Turniers und der Fechtschulen, ja selbst des Würfelspiels verbunden. Diese Vorgehensweise, zeitgenössischem Brauchtum durch die ideelle Verbindung mit antiken Traditionen der Olympischen Spiele zusätzliche Bedeutung zu geben, begegnet in vielen Schriften der Zeit. Aufschlussreich ist hier ein Gedicht von Hans Sachs aus dem Jahr 1545:

Der fechtspruch. Ankunfft unnd freyheyt der kunst.
Eins tages ich ein fechter fragt, / Bat freundlich ihn, das er mir sagt, /
Wo doch ir ritterliche kunst / Het ihren ursprung, der ich sunst /

---

[15] Mathys, F.K., Die älteste Erwähnung der Olympischen Spiele in deutscher Sprache, in: Olympisches Feuer 6/7, 1956/57, 45–46; Lennartz (1974) a.O. 23–26.
[16] Minkowski, Helmut, Die Darstellung olympischer Wettkämpfe in einem deutschen Frühdruck vom Jahre 1536, in: Leibesübungen und körperliche Erziehung 55, 1936, 95–103; Wassmannsdorf, K., „Olympische Spiele" in einem deutschen Buch v. J. 1536, in: Deutsche Turn-Zeitung 41, 1896, 923–924.
[17] Lennartz (1974) a.O. 25–26.

Von jugend auff het gunst getragen. / Da ward er wider zu mit sagen: /
Die ritterlich kunst ist auff-kummen, / Hat ihren ersten ursprung gnummen, /
Eh wann Troya zerstöret war, / Etwas mehr dann aylff hundert jar /
Vor des Herren Christi geburt. / Von Hercule erfunden wurd /
Der olimpische kampff mit nam / Inn dem lande Arcadiam, /
Bey Olimpo, dem hohen berck. / In diesem ritterlichen werck /
Kempfften zu roß nackende held, / Wie Herodotus uns erzelt. /
Welcher denn ritterlichen kempffet, / Die andren mit seym schwerte dempffet, /
Der selbig wurd begabet gantz / Von öl-paumen mit eynem krantz. /[18]

Auch Hans Sachs Anliegen war es, die ehrwürdig alte Tradition des Fechtens zu beschreiben, und er ließ deshalb nackte Helden hoch zu Roß im Schwertkampf gegeneinander antreten. Die Olympischen Spiele der Antike werden erneut zur Legitimation. Gerade in der zweiten Hälfte des 16. Jahrhunderts mit den ersten umfangreichen Abhandlungen zur antiken Agonistik etwa mit *Artis gymnasticae* von Girolamo Mercuriale 1569[19] oder den Darstellungen antiker Boxer und Pankratiasten im Castello Estense in Ferrara entstand eine inhaltliche Auseinandersetzung mit der Antike, die nun bereits akademische Qualitäten besaß.[20]

Ernst Curtius, der spätere Ausgräber in Olympia, hielt am 10. Januar 1852 einen Vortrag im Wissenschaftlichen Verein zu Berlin, in dem er erstmalig seine Interpretationen des Heiligtums und der Olympischen Spiele vortrug. Dieser Vortrag, der in mehreren Versionen abgedruckt wurde, gilt der Wissenschaft bis heute als Leitlinie und soll nachhaltig die Umsetzung des Ausgrabungsprojektes des Preußischen Kaiserreiches 23 Jahre später beeinflusst haben.[21] Curtius fasste in diesem Vortrag den Wissensstand seiner Zeit zusammen. Dabei muss in Erinnerung gerufen werden, dass Curtius neben den wichtigsten Schriftquellen zu Olympia lediglich die französischen Ausgrabungen mit einem Schnitt entlang der Westseite des Zeustempels kannte. Darüber hinaus war Olympia noch unbekannt. Auch Curtius war in erster

---

[18] von Keller, Adalbert, Hans Sachs, Stuttgart 1870, Bd. 4, 209–210; Lennartz (1974) a.O. 29.
[19] Mercurialis, Hieronymus, De arte gymnastica libri sex, Venedig 1569; Mehl, Erwin, Hieronymus Mercurialis, ein alter Streiter für die Leibesübungen, in: Die Leibesübungen 6, 1930, 501–570.
[20] Bentini, Jadranka/Borella, Marco, Il Castello Estense, Viterbo 2002; Lee, Hugh M., The Later Greek Boxing Glove and the Roman Caestus: A Centennial Re-evaluation of Jüthner's ‚Über Antike Turngeräthe', in: Nikephoros 10, 1997, 161–178.
[21] Curtius, Ernst, Olympia. Ein Vortrag im wissenschaftlichen Vereine zu Berlin am 10. Januar gehalten, Berlin 1852.

Linie an den Olympischen Spielen interessiert und nahm damit wohl das Bewusstsein seiner Zeit auf. In den zwei Jahrzehnten vor Curtius' Vortrag setzte sich das Jahn'sche Turnen in den deutschen Landen durch, der Turnunterricht wurde ab 1842 unerlässlicher und notwendiger Bestandteil an den höheren Lehranstalten.[22] Um das Publikum seines Vortrages, das erlesen mit Akademikern, Professoren und Gelehrten bestückt gewesen sein soll, gut zu erreichen, nahm Curtius wohl den Trend seiner Zeit auf. Und so betitelte er das erste Kapitel seines Vortrages mit *Der Wettkampf bei den Griechen*, das zweite mit *Gymnasien und Kampfspiele*, um erst danach auf die Geschichte von Olympia zu sprechen zu kommen. Für Curtius spielte sich die gesamte griechische Geschichte als Wettkampf ab:

Wir kennen keine Griechen ohne Wettkämpfe. In allen Stimmen der Nation lebte der Trieb, durch den Reiz des Wetteifers die Entfaltung der angeborenen Kräfte zu fördern. Wie namentlich die Ionier auch ihre friedlichen Volksfeste durch Kampfübungen schmückten, bezeugt Homer in seiner Schilderung der Phäaken, dem lieblichen Spiegelbilde eines ionischen Volkslebens. Zu festen Ordnungen aber, in denen das eigentümlich Hellenische sich ausgebildet hat, ist es auch hier zuerst in dorischen Staaten gekommen, in Kreta und dann in Sparta.
Hier beruhte die Sicherheit des Staats auf der Rüstigkeit der dorischen Mannschaft; hier war es also eine dringende Angelegenheit des öffentlichen Wohls, für die Kriegstüchtigkeit desselben Sorge zu tragen und sie von Jugend auf für ihren Beruf zu erziehen. Hier sind die ersten griechischen Übungsschulen eingerichtet, in denen es aber nur auf Leibesübungen abgesehen war, weil eine volle Entwicklung der geistigen Kräfte durchaus gegen die Absicht der Gesetzgeber war.[23]

Weiter unten wird dieser Gedankengang dann abgerundet:

Denn was ein einzelner, was ein Volksstamm in der Blüte seiner Kraft, im höchsten Aufschwunge seiner Natur, in seinen besten Tagen und Stunden ist, das ist er wirklich und ganz, und das sollen wir zur Erinnerung unserem Gemüte einprägen.
Solange die Hellenen in dieser Weise um den Kranz kämpften, waren sie ein mächtiges, ein unüberwindliches Volk; so wie ihre Schwungkraft ermattete, verlor der Kranz seine Bedeutung und blieb nur als eitler Schmuck in Geltung.[24]

---

[22] Wilhelm, Peter, Von den „exercitia" zum Sport – der Wandel der universitären Leibesübungen im 19. Jahrhundert, in: Buss, Wolfgang (Hg), Von den ritterlichen Exercitien zur modernen Bewegungskultur, Duderstadt 1989, 34–40.
[23] Nachdruck der Rede in Curtius, Ernst, Olympia, Berlin 1935, 21–22.
[24] Curtius (1935) a.O. 25.

Curtius spricht als erster den Gedanken aus, dass die griechische Kultur sich nur deshalb gegen die anderer Kulturen durchsetzen konnte und über diesen stand, da das Wettkampfwesen, was in späterer Literatur ‚das Agonale' genannt wurde und Anlass für intensive wissenschaftliche Auseinandersetzungen bot und bietet, eine ausschließliche Eigenschaft der Griechen sei.

Je deutlicher sich die Hellenen in ihrem Volksbewusstsein von den Barbaren unterscheiden lernten, um so lauterer und eigentümlicher haben sie die Idee des Wettkampfes entwickelt, und diejenigen unter ihnen, welche jenen Gegensatz am kräftigsten darzustellen berufen waren, die Dorier, haben am entschiedensten dahin gewirkt, jede Rücksicht auf Eigennutz und alle unreinen Beimischungen zu entfernen.[25]

Damit aber nicht genug. Zwar war das Wettkampfideal laut Curtius die Triebfeder allen Handelns der griechischen Kultur und damit zur Nachahmung empfohlen, stets aber waren die Wettkämpfe eingebunden in einen religiösen Kontext, dem man sich unterwarf.

So sehr es aber auch der freie Wettkampf der Kräfte war, der wie der belebende Hauch durch die gesamte Tätigkeit, durch alle Leistungen der Griechen hindurchwehte, so waren sie doch weit entfernt, den Trieb, welchen der Wetteifer anregt, seiner natürlichen Beschaffenheit zu überlassen, in welcher er mehr zum Schlechten als zum Guten führt. Sie haben den wilden Trieb gezähmt, sie haben ihn gesittigt und veredelt, indem sie ihn der Religion dienstbar gemacht haben.[26]

Mit dem Vortrag Curtius' war erstmals eine detaillierte Auseinandersetzung mit Olympia und seinen Wettkämpfen gelungen, was weit über die sonst im 19. Jahrhundert übliche Schwärmerei hinausging. Von Olympischen Spielen spricht Curtius übrigens noch nicht. Das scharfe Profil Olympias als Stätte der Wettkämpfe, die letztlich auch persönlichkeits- und tugendbildend seien und die Basis für eine Hochkultur bildeten, nahm der Publizist und Pädagoge Jakob Philipp Fallmerayer ein Jahr später 1853 auf und bekräftigte anknüpfend an den Vortrag Ernst Curtius den hohen Stellenwert der Wettkämpfe und Leibesübungen als Teil des Bildungssystems. Ein wichtiges, später freilich Olympisches Ideal war somit vorweggenommen.

Welche von diesen beiden Lebensansichten [gemeint ist zum einen die christlich orthodoxe Askese und zum anderen das sinnliche Lebensgefühl des antiken Grie-

---

[25] Curtius (1935) a.O. 23–24.
[26] Curtius (1935) a.O. 18.

chenland] und Kampfmethoden für die Wohlfahrt des menschlichen Geschlechtes im Allgemeinen fruchtbringender, unserer Natur angemessener und ihrer gesegneten Wirkungen halber am meisten anzustreben und zu empfehlen sei, braucht man „christlichen" Lesern nicht näher auseinanderzusetzen. Denn was beide in ausschließlicher Herrschaft und Geltung während langer Perioden am Ende hervorgebracht und geschaffen haben, liegt jetzt klar und abgeschlossen vor aller Augen; und wir glauben es auch ohne Verletzung zartfühlender, ängstlicher Gemüther sagen zu dürfen, dass auf diesem Gebiete offenbar eine Wendung eingetreten ist und dass der erloschene Credit von „Olympia" mit allen seinen Seligkeiten und Erinnerungen wieder aufzuleben und in der öffentlichen Vorstellungsweise allmählich zu erstarken scheint. Oder werden Feindschaft und Kampf gegen die Physis und ihre von Gott verliehenen Gerechtsame in der gesitteten Welt nicht etwa zusehends schwächer, matter, hoffnungs- und willenloser, und tritt nicht beim lebendigen Verschönerungstrieb unseres Jahrhunderts endlich ein lang verkanntes Element, die zweite Wesenshälfte des Menschen, wieder in die natürlichen Rechte ein?[27]

Die Idee Olympia, das Wettkampfideal als Leitbild für die Formung einer guten Gesellschaft und zur Erziehung der Jugend war in der Mitte des 19. Jahrhunderts bereits ausgeprägt und klingt übrigens schon bei Johann Christoph Friedrich GutsMuths u.a. zu Beginn des Jahrhunderts an.[28] Die sogenannte Philosophie eines Pierre de Coubertin wirkt demgegenüber fast anachronistisch, gleichwohl die Olympischen Ideen Coubertins durch die Einführung der Olympischen Spiele der Moderne weite Verbreitung finden konnten. Mit Coubertin wurde Olympia endgültig zum Wettkampfort und der Fokus auf die Stätte der Olympischen Spiele gefestigt. Der Ausspruch Coubertins, dass das, was von den Deutschen unter Ernst Curtius ausgegraben wurde, durch die Franzosen mit den Spielen der Moderne zu neuem Glanz käme, sollte sich bewahrheiten. Olympia wurde zur Wiege des Sports und der modernen Olympischen Bewegung![29] „Es ist die erste umfassende Geschichte der Olympischen Spiele im alten Griechenland, die sich weitet zu einer Geschichte des Sports und der Leibesübungen überhaupt [...]"

Dieses Urteil fällte das Deutsche Archiv für Leibesübungen in Berlin über die deutsche Ausgabe des Buches *Geschichte der Olympischen Spiele* von Franz Mezö, erschienen 1930 in München.[30] Das Buch des Budapester

---

[27] von Thomas, Georg Martin (Hg), Fallmerayers Gesammelte Werke, Neudruck Amsterdam 1970, Bd. 2, 419–423; Lennartz (1974) a.O. 177–179.
[28] Naul, Roland, Olympische Erziehung, Aachen 2007, 50–54.
[29] Müller, Norbert (Hg), Pierre de Coubertin. Olympism, Lausanne 2000, 245–279.
[30] Mezö, Franz, Geschichte der Olympischen Spiele, München 1930.

Gymnasialprofessors wurde im ungarischen Original 1928 bei den Kunstwettbewerben der Olympischen Spiele in Amsterdam in der Rubrik Literatur eingereicht und mit der Goldmedaille ausgezeichnet.[31] Der Altertumsforscher und Sportsfreund Mezö hatte sich ursprünglich zum Ziel gesetzt, eine Geschichte der Olympischen Spiele von der Antike bis zu den Spielen in Amsterdam zu schreiben, eingereicht wurde aber nur das Manuskript zur Antike. Mezös Anliegen war es, die antiken Spiele als griechisches Kulturgut zu beschreiben und sich selbstverständlich mit einer ersten Übersetzung an die Nation zu wenden, die durch die Ausgrabungen in Olympia dem olympischen Gedanken zu neuem Leben verhalf. Deutschland war in Mezös Augen eine ebenfalls bewunderswerte Kulturnation. Diese Einschätzung verhalf sicher zu der deutschen Ausgabe eines Buches, das sich in den 30er Jahren des 20. Jahrhunderts nahezu zu einem Bestseller entwickelte.

Wir Ungarn haben stets mit wachsamen Augen deutsches Wissen, Können und deutsche Kunst bewundert, jedoch waren wir niemals bloße Nachahmer des deutschen Geistes, sondern wir waren immer bestrebt, die von dort erhaltenen Anregungen mit eigenen Ideen zu befruchten und die Wissenschaft mit selbständigen Forschungen um einige Schritte vorwärts zu bringen und überhaupt mit der westlichen Kultur Schritt zu halten.[32]

Die Geschichte der Olympischen Spiele schrieb Franz/Ferenc Mezö erst einige Jahrzehnte später mit dem Buch *Sechzig Jahre Olympische Spiele*, erschienen 1956 in Berlin, fort.

Die Auseinandersetzung der Fachliteratur mit den Olympischen Spielen während des ‚Dritten Reiches' würde keine überraschenden Ergebnisse liefern, warfen doch eine ganze Reihe von Akademikern ihre Saat auf den Boden der Propaganda- und Informationsministerien der Nationalsozialisten. Vor den Berliner Spielen 1936 wurden vor allem zwei Bücher in hoher Auflage gedruckt, vertrieben und wohl auch gelesen. Neben Martin Vogts *Der antike Sport* von 1934[33] erschien ein Buch von Ernst Curtius mit dem klaren Titel *Olympia*. Hinter dem Titel verbirgt sich der bereits zitierte Vortrag Curtius' von 1852, vermengt mit antiken Texten und Abbildungsmaterial. Antike Texte zu den Olympischen Kampfarten wurden von Jürgen Ascherfeld kommentiert, der Schweizer Verleger Martin Hürlimann gab das Buch

---

[31] Müller, Norbert/Wacker, Christian, Pierre de Coubertin and the arts, Kassel 2008.
[32] Mezö (1930) a.O. 10.
[33] Vogt, Martin, Der antike Sport. Seine Geschichte und Technik, München 1934.

im Atlantis-Verlag in Berlin heraus. Im deutschen Nationaltaumel kurz vor den Spielen in Berlin funktionierte der wortgewaltige Text Curtius' gepaart mit angenehm weichgezeichneten Photographien à la Riefenstahl offensichtlich gut.[34]

Carl Diem, sportpolitischer Überlebenskünstler in vier unterschiedlichen Staatssystemen, könnte in einem eigenen Beitrag hinsichtlich seiner Positionierung der Olympischen Spiele analysiert werden. Mit dem Band *Ewiges Olympia*, erschienen 1948 kurz nach der Ernennung Diems zum Institutsleiter für Sportgeschichte an der neu gegründeten Deutschen Sporthochschule in Köln, ist dem sporthistorischen Allrounder eine Art Eigen-Amnestie gelungen.

Neugeboren wurden die allgemeinen freien Menschenrechte. Hier wuchs die Neuzeit übers Altertum hinaus, aber ein gesundes Wachstum, das immer wieder geistige Kräfte aus dem alten Mutterboden zog. Sport ist eine Erscheinung dieser neuen Gleichheit und Freiheit. Er ist ein Schößling des Hineinwachsens von früher unterdrückten Volksschichten in eine Menschlichkeit. So mündet er in einen sozialen Humanismus, wie er aus einem geistigen Humanismus entstanden ist.[35]

Auch wenn der Text wie eine persönliche Läuterung verstanden werden kann, er bezieht sich doch auf die Zeit der Renaissance und den Olympischen Gedanken mit der Wiedergeburt der antiken Gymnastik. Das Kapitel, aus dem dieser Text entnommen wurde, ist mit *Wiedergeboren* betitelt, womit die Wiedergeburt humanistischer Ideale gemeint ist, was der zeitgenössische Leser aber bestimmt auch auf die Erlebnisse des ‚Dritten Reiches' bezogen haben mag. Wichtig war Diem, den Olympischen Gedanken neu zu definieren und das Wichtigste aus Altertum und Neuzeit zu Olympischen Spielen zusammenzutragen. Und trotzdem mahnte Diem vor Vergangenem, wieder einmal die Spiele der Antike bemühend.

Gewiß, die Politik ist übermächtig, und ein Narr, der meint, heute schon müsste der Geist von Olympia Kriege verhindern. Das tat er auch im Altertum nicht. Aber die Antike war hochsinnig genug, dass es auf Olympischen Spielen nicht Sieger und Besiegte, politisch Schuldige und politisch Blütenreine, Zugelassene und Ausge-

---

[34] Curtius (1935) a.O.
[35] Diem, Carl, Ewiges Olympia, Minden 1948, 8.

schlossene gab. Die Griechenrichter wogen politische Schuld und Fehde nicht ab, sie entschieden nur über sportliche Vergehen.[36]

Diese Sätze sind hinsichtlich ihres historischen Gehaltes freilich fragwürdig, führen aber doch vor, wie sehr sich das vermeintliche Olympische Gedankengut in die Bedürfnisse der Nachkriegszeit einpassen ließ.[37]

Das Jahr 1972 sollte für die Olympische Bewegung ein gutes Jahr werden. München schickte sich als Austragungsort an, ein harmonisches Fest der Völker zu veranstalten mit farbenfrohen Spielen, für die Otl Aicher ein buntes Gestaltungskonzept schuf.[38] Kulturveranstaltungen prägten das Fest, mit einem Wegweisungssystem mit Piktogrammen wurde erstmals versucht, den internationalen Charakter zu unterstreichen. Erstmals schickte sich die Fachliteratur nicht an, die antiken Olympischen Spiele in engem Kontext mit den modernen zu beschreiben, sondern beschränkte sich ausschließlich auf die Antike. Das angenehm systematische Handbüchlein von Hermann Bengtson, *Die Olympischen Spiele in der Antike*, erschien 1971 und nimmt mit keinem Wort Bezug auf moderne Olympische Spiele.[39] Da selbst im Vorwort des Büchleins, das in der damaligen Reihe ‚Lebendige Antike' des Artemis Verlages erschien, jeglicher Hinweis fehlt, könnte man den Eindruck gewinnen, Bengtson distanziere und ignoriere bewusst alles Olympische seiner Zeit. Ähnliches gilt für das fundierte und bis heute noch unerlässliche Werk des Kölner Archäologen Hans-Volkmar Herrmann, *Olympia – Heiligtum und Wettkampfstätte*, erschienen im Münchner Hirmer Verlag 1972. Auch Hermann konzentrierte sich detailreich auf das antike Olympia und seine Spiele und unternimmt nicht den Versuch, Vergleiche der bunten Spiele von München mit der Antike zu suchen. Im Fokus seiner Ausführungen stehen die Ausgrabungen von Olympia.

---

[36] Diem (1948) a.O. 10.
[37] Es ist auffällig, dass in der durchgesehenen und ergänzten zweiten Auflage von Diems ‚Ewigem Olympia' der äußerst pathetische Vorspann „Wiedergeboren" ebenso wie eine von Diem verfasste Hymne fehlt. Siehe Diem, Carl, Ewiges Olympia, Wuppertal u.a. 1971.
[38] Aicher, Otl, Olympia und Kunst, in: Müller, Norbert/Messing, Manfred (Hg), Auf der Suche nach der Olympischen Idee, Kassel 1996, 17–22.
[39] Bengtson, Hermann, Die Olympischen Spiele in der Antike, München 1971.

So ist die Olympiagrabung also auch der Anstoß dafür gewesen, dass wir heute wieder Olympische Spiele feiern.[40]

Man gewinnt den Eindruck, dass gerade die archäologische Literatur bis in die 90er Jahre hinein die Olympische Bewegung bewusst ignoriert hat. Auch die deutschen Ausgrabungskampagnen wurden vollkommen unabhängig von den modernen olympischen Festen durchgeführt. Zwar waren die Spiele in Berlin 1936 gleichzeitig Startschuss für die Grabungskampagnen des ‚Dritten Reiches' bis 1942,[41] die Chancen der Münchner Spiele 1972 und selbst der Athener Spiele 2004, Aufmerksamkeit auf Olympia zu ziehen und die Erforschung Olympias zu befruchten, blieben vollkommen ungenutzt. Mehr noch, während beider Olympischer Spiele wurde in Olympia nicht einmal gegraben. Man gewinnt dabei den Eindruck, die moderne Olympische Bewegung beziehe sich auf das antike Olympia, um antike und moderne Spiele im Vergleich zu analysieren, während die Archäologie und auch die Mehrzahl der Altertumswissenschaftler das zeitgenössische Geschehen rund um Olympia ausgeblendet hatte.

Ganz anders der Bochumer Philologe und Historiker Karl-Wilhelm Weeber, der 1991 kurz vor den Spielen von Barcelona in einer Zeit massiver Kritik gegenüber dem IOC und seinem Präsidenten Juan Antonio Samaranch das Aufsehen erregende Buch *Die unheiligen Spiele. Das antike Olympia zwischen Legende und Wirklichkeit* schrieb. Wo Ernst Curtius, Franz Mezö oder Carl Diem massiv darauf bedacht waren, das Olympische von der Antike bis zur Moderne als positive Errungenschaft der Menschheit erleuchten zu lassen, stellt Weeber die Doppelmoral der IOC-Funktionäre an den Pranger.

Man braucht dazu ein leuchtendes Vorbild, dem man das ‚böse', gewissermaßen depravierte Olympia unserer Zeit entgegenstellt, das sich leider, leider so weit von seinen Ursprüngen entfernt habe ... Mit bemerkenswerter Hemmungslosigkeit wird dabei ein historisch falsches Bild gezeichnet, indem man entweder einseitig all das aus dem antiken Olympia herausfiltriert, was man als vorbildhaft propagieren möch-

---

[40] Herrmann, Hans-Volkmar, Olympia – Heiligtum und Wettkampfstätte, München 1972, 206.
[41] Herrmann (1972) a.O. 206.

te, oder schlicht die eigenen Vorstellungen von olympischen Werten, Zielen und Sport-Auffassungen in das Altertum zurückprojiziert.[42]

Auch wenn das Buch stets dem Vorwurf, eine Gegenideologie schaffen zu wollen, ausgesetzt war, so gelingt es Weeber doch als erstem, einer breiten Leserschaft ein Bewusstsein über die Diversität antiker und moderner Spiele näherzubringen.

Die modernen Olympischen Spiele und die Spiele des Altertums sind, das ist das für manchen vielleicht enttäuschende, aber realistische Fazit, weder in ihrem organisatorischen Rahmen noch in ihren grundlegenden Ideen miteinander vergleichbar. Viel mehr Verbindendes als den gemeinsamen Namen haben sie nicht.[43]

Wie stets zu Olympischen Spielen, so erschien auch im Jahr 2004 eine wahre Flut an Literatur zum Thema, weit mehr Veröffentlichungen als zu vergangenen Spielen. Unter den ernstzunehmenden Publikationen finden sich Titel wie *Olympia – Ort der Spiele, Ort der Götter* von Michael Siebler oder *Das antike Olympia. Götter, Spiel und Kunst* von Ulrich Sinn.[44] Während die Fachliteratur zu den antiken Olympischen Spielen in den vergangenen Jahrzehnten und Jahrhunderten stets bemüht war, zeitgenössischen Sport mit agonalem Treiben der Antike in Bezug zu setzen und sportliche Legitimationen oder eben entsprechende Gegendarstellungen zu definieren, ging die Literatur erst in jüngster Zeit dazu über, die antiken Spiele als Teil des Phänomens Olympia zu sehen. Gerade bei Sinn wurde erklärt, dass die Forschungsliteratur zu Olympia eigene Wege geht.

Am 4. Oktober 1875 nahmen deutsche Archäologen mit der offiziellen Genehmigung des griechischen Königreichs die systematischen Grabungen in Olympia auf. Das fällt in die Zeit der gerade in Athen etablierten ‚Olympien'. Man könnte daher meinen, die wissenschaftliche Erforschung Olympias sei eine Folge der wieder belebten Olympischen Spiele. Die Wissenschaft hatte jedoch Beweggründe, die fernab des Sports lagen.[45]

Sinn deutet damit an, dass die Tradition der Forschungsliteratur zu Olympia einen von der Fachliteratur zu den antiken Olympischen Spielen unabhängi-

---

[42] Weeber, Karl-Wilhelm, Die unheiligen Spiele. Das antike Olympia zwischen Legende und Wirklichkeit, Zürich u.a. 1991, 8.
[43] Weeber (1991) a.O. 12.
[44] Siebler, Michael, Olympia. Ort der Spiele, Ort der Götter, Stuttgart 2004; Sinn (2004) a.O.
[45] Sinn (2004) a.O. 38.

gen Weg geht. Auch wenn sich diese Wege immer wieder gekreuzt haben, so ist diese Einschätzung durchaus zutreffend und sollte zu dem Postulat führen, stärker fachübergreifende Forschung zwischen Archäologen und Altertumswissenschaftlern auf der einen und Sportwissenschaftlern auf der anderen Seite zu betreiben. Bis heute bestehen nahezu keine Kontakte zwischen den deutschen Archäologen am Rande der Ausgrabungen von Olympia und den großen internationalen Studiengruppen der Internationalen Olympischen Akademie etwa 500 Meter Luftlinie entfernt. Der fachliterarische Brückenschlag ist möglich, wie z.B. Ingomar Weiler und seine Forschungsgruppe beweisen, und kann die Literatur für die Zukunft nur befruchten.

Alpinismus und Christentum: Das Kreuz auf dem Gipfel

Ralf-Peter Märtin

Auf einer Wanderung durch die Sarntaler Alpen, einer Region mit ausgesprochen hoher ‚Gipfelkreuzdichte', fiel er mir wieder ein, der Satz aus Emil Zsigmondys Bergbuchklassiker „Die Gefahren der Alpen". „Berge", so schrieb er 1885, „vertragen keine von Menschen gesetzte Gipfelzeichen."[1] Doch obwohl die Berge seit Jahrhunderten mit Sturm und Blitz, mit Eis und Regen gegen die Beweise menschlicher Gegenwart auf ihren Gipfeln ankämpfen, ist all ihre Mühe vergebens. Noch die kleinste Spitze schmückt ein Kreuz, und ist es einmal zerbrochen, wird keine Mühe gescheut, es wieder aufzurichten.

Für den Pfarrer von Sarnheim, den ich nach meiner Bergtour aufsuchte und über diese Sitte befragte, war das Vorhandensein von Gipfelkreuzen so selbstverständlich wie für die Autoren der einschlägigen Bücher zum Thema, die sich mehr oder weniger auf die Abbildung der hölzernen oder eisernen Vertreter der Gattung konzentrieren. Beiden genügt eine Erklärung als religiöses Symbol: „Wenn in einem vorwiegend christlich geprägten Kulturraum auf Gipfeln und Pässen Kreuze zu finden sind, braucht dies nicht sehr zu überraschen. Und tatsächlich hat das Phänomen der Gipfelkreuze bisher kaum jemanden überrascht..."[2] Ganz ähnlich reagierte die Leiterin des Alpinen Museums des Deutschen Alpenvereins (DAV), die den Gegenstand erschöpfend behandelt und wenig diskussionswürdig fand, wohingegen der Österreichische Alpenverein (ÖAV) eine ausgesprochen kritische Haltung pflegt, denn „in den vergangenen Jahrzehnten nahm die Unsitte, jeden Gipfel der Alpen mit einem Gipfelkreuz zu ver(un)zieren, überhand. Der ÖAV spricht sich dafür aus, dass grundsätzlich keine neuen Gipfelkreuze mehr errichtet werden."[3]

Offenbar ist das „Phänomen" doch vielschichtiger, und das Motiv der Kreuzerrichtung hat noch andere als fromme Wurzeln. Selbstverständlich ist

---

[1] Zit. nach Scharfe, Berg-Sucht, S. 89
[2] Mathis, Himmel, S. 10f.
[3] Ermacora, Kreuz, S. 4

nichts, denn alles besitzt eine Geschichte. Die unsrige beginnt vor tausend Jahren auf einem Alpenpaß in 2473 Meter Höhe.

1 Christentum

Schon in der Antike war der Große St. Bernhard, zwischen Aosta und Martigny, eine wichtige Verbindung zwischen Oberitalien und Gallien. Auf der Passhöhe erhob sich ein Jupitertempel, daneben ragte eine Säule des Gottes, an der die Reisenden Weihegeschenke als Ausdruck ihres Dankes niederlegten. Es gehört nicht zu unserem Thema, wirft aber ein bezeichnendes Licht auf die Christianisierung Europas, daß erst im 11. Jahrhundert ein Mönch, der später heiliggesprochene Bernhard von Menthon, hinaufzog, Tempel und Säule zerstörte und ein Kreuz errichtete. Mit den Worten des bergsteigenden Priesters Achille Ratti, besser bekannt als Papst Pius XI. (1922–1939): „Er begnügte sich nicht damit, von jenem Ort das Bild Satans und seiner Diener zu entfernen, ... sondern, nachdem er auf den Trümmern des Tempels das Siegeszeichen Christi aufgepflanzt hatte, ... wurde nach dem Plan und auf Betreiben Bernhards auf dem höchsten bewohnbaren Fleck der Erde eine ständige Schutzwacht christlicher Nächstenliebe errichtet."[4] Damit war das heute noch bestehende Hospiz gemeint, das mit seinen schnapsfäßchentragenden Bernhardinerhunden mittlerweile Weltruhm erlangt hat.

Die Religion wechselt, das Bedürfnis der Reisenden nach Schutz vor den Gefahren des Weges bleibt. Das Kreuz als heilkräftiges Zeichen löste auf den Alpenpässen die Jupitersäule ab.[5] In der gleichen schutzflehenden Tradition stehen die Wetterkreuze. Auch sie haben Vorläufer in der Antike in Gottheiten, die man an Weggabelungen oder am Feldrain mit kleinen Altären ehrte. Im Alpenraum weit verbreitet war das dreibalkige und das Doppelkreuz. Von beiden Versionen versprach man sich eine gesteigerte Schutzwirkung für Äcker, Almen und Häuser, indem ersteres die gesamte Trinität, Gottvater, Sohn und Heiliger Geist, anrief, letzteres dem Reliquienkreuz im Kloster Scheyern nachgebildet war, seit 1180 Aufbewahrungsort eines Splitters vom wahren Kreuz Christi. „Soweit das Wetterkreuz (gegen Hagel und Blitz) auf der Feldflur geschaut werden kann, so weit dürfen die bösen Geister keinen Schaden tun."[6] . Das Prinzip eignete sich auch zum

---

[4] Ratti, Schriften, S. 189
[5] Danner, Geschichte, S. 6
[6] Werner, Marterl, S. 170f.

Schutz der hochgelegenen Almen, was das Zeichen Christi immer höher hinauf führte. Als Beispiel sei das Wetterkreuz auf dem Grat am Wetterkreuzkogel in 2591 Meter Höhe genannt. Das Verlangen, den Leidensweg Christi konkret nachzuvollziehen, drückt sich seit dem Mittelalter in der Anlage von Kalvarienbergen aus. Zu ihnen, etwa auf den Füssener (953m) oder den Hohenpeißenberg (988m), führen Kreuzwege, die an einem mit drei Kreuzen geschmückten Golgatha, einem Wallfahrerkreuz oder einer Kapelle als krönender Abschluß enden.[7] Dabei müssen sich Anstrengung und Erreichbarkeit die Waage halten, da die Pilgerfahrt allen Gläubigen möglich sein soll. Einer der anspruchsvollsten Wallfahrtsberge ist bis heute der Watzmann. Die Gleichung ‚je schwieriger, desto verdienstvoller' trifft auf einen Aufstieg zu, der bis auf das Watzmann-Hocheck (2657m) führt, wo den frommen Wanderer eine Kapelle mit einem Marienbild und ein großes Holzkreuz erwartet. Wenn an den hohen Festtagen, dem Jakobi- (25. Juli) oder Lorenzentag (5. Sept.) die Wallfahrer zum Hocheck pilgerten, glaubten sie bei klarem Wetter auf dem Gipfel des Berges, dem ‚Berchtesgaden'sche Ararat', wie ihn die Bevölkerung nannte, die ‚Trümmer von der Arche des Patriarchen Noah' zu erkennen. Bis zum August des Jahres 1800 wäre allerdings keiner der Gläubigen auf die Idee gekommen, dies nachzuprüfen. Der Gipfel blieb als Tabuzone und als Ort des Mythos ausgespart. Es war der junge Valentin Stanig (1774–1847), ein Theologiestudent aus Slowenien, später wird er Domherr in Görz werden, der bereits den Großglockner bestiegen hatte, der an den verblüfften Pilgern vorbei und vor ihren Augen als erster die Watzmann-Mittelspitze (2713m) erkletterte und per Augenschein die schöne Überlieferung zerstörte.[8]

Alle diese Formen des Kreuzes im Gebirge haben unstrittig einen genuinen christlichen Hintergrund, vor allem aber eine im Kult genau definierte Funktion. Und eben deswegen steht keines dieser Kreuze auf einem nur für Kletterer erreichbaren Alpengipfel, da er für beide Spielarten traditioneller religiöser Praxis, Wetterschutz und Wallfahrt, nicht in Frage kommt, dafür untauglich ist.

---

[7] A.a.O., S. 335

[8] Höfler/Zembsch, Watzmann, S. 27f., Werner, a.a.O., S. 421f., Vierthaler, Wanderungen, Bd. 2, S. 37f.

2 Politik

Der erste, der mit dem Ersteigen eines Berges seine Macht demonstrieren und zeigen wollte, wozu er fähig war, hieß Karl VIII. (1483–1498) und war König von Frankreich. Der Mont Aiguille ist mit seinen 2097 Metern kein besonders hoher Berg, aber seine neunhundert Meter hohen Steilwände machten ihn zum „Mons Inascensibilis", zum unersteigbaren Berg, einem der „sieben Wunder der Dauphiné".[9] 1492 ordnete der König seine Besteigung, die „Bezwingung des unmöglich Scheinenden" an, und noch jeder Chronist hat in diesem Datum die Parallele zu Kolumbus gesehen, gerade weil Karl VIII. vom Genuesen nichts wusste. Der Drang, der den einen den Ozean überqueren, den anderen den Sieg in der Höhe suchen ließ, schien derselbe zu sein. Er entsprach aber durchaus politischem Kalkül, denn der 22jährige König, gerade dabei, Krieg gegen Kaiser und Papst zu führen und das europäische Staatensystem neu zu ordnen, konnte einen solchen Prestigewinn gut gebrauchen. Sein Feldhauptmann Antoine de Ville riskierte viel, als er mit acht Begleitern, darunter zwei Priestern, mit Hilfe von Leitern und Seilen in tagelanger Arbeit den Gipfel bezwang. Zwar hat er dann eine Messe gefeiert und das Tedeum gesungen, aber die drei Kreuze, die er errichtete, stellte er nicht zu einem Kalvarienberg zusammen, sondern postierte sie an den drei Ecken des Gipfelplateaus, damit die benachrichtigten Zeugen sie von jeder Seite aus sahen und gerichtlich beurkundeten, das Wagnis sei tatsächlich geglückt.[10]

Ein ähnlichen politischen Akt vollzog am 31. März 1521 der in spanischen Diensten segelnde Entdecker Magellan. Als er auf der Philippinen-Insel Massao landete, errichtete er ein Kreuz auf dem höchsten Gipfel. Als Zeichen der Unterwerfung „müsse es jeden Morgen angebetet werden."[11]

In beiden Fällen wird das Kreuz vom Glaubens- zum Herrschaftssymbol, dessen Sichtbarkeit unbedingte Voraussetzung für seine Botschaft ist. Einmal aufgerichtet sind Zeichen und Nachricht untrennbar miteinander verknüpft. Stürzt es, bedeutet sein Fall immer ein Politikum – die Sendung erreicht den Empfänger nicht mehr, der Ideologietransfer findet nicht mehr statt. Der Verlust des Zeichens markiert in der Regel das Ende der institutionalisierten Macht von Herrschaft und Glauben.

---

[9] Lehner, Eroberung, S. 43
[10] Lütkehaus, Kolumbus, S. 107
[11] Danner, Ärzte, S. 182

3 Profane Wissenschaft

Im 18. Jahrhundert, auf dem Höhepunkt der Aufklärung, als sich das Wissen über die Erde und ihre Gestalt, über die Naturgesetze und die physische und psychische Beschaffenheit des Menschen exponentiell erweiterte, entdeckte man mitten in Europa einen unbekannten Kontinent der Höhe: die Alpen. Ihn zu erschließen, setzte man auf Geldpreise und wagemutige Forscher, und wirklich gelang am 8. August 1786 auf Veranlassung des Geologen Horace-Benedict de Saussure die Besteigung des höchsten europäischen Berges, des 4807 Meter hohen Montblanc. Sassure, der ein Jahr später mit Dutzenden von Messgeräten selbst auf dem Gipfel stand, trieb ein rein wissenschaftliches Interesse am Aufbau und Zusammenhang der Gebirgsketten auf den Gipfel: „Was ich gesehen hatte und mit der größten Klarheit sah, war die Gesamtheit aller dieser hohen Gipfel, deren Bau ich schon so lange zu kennen wünschte. ... Ihre Lagen gegeneinander, ihre Verbindungen, ihr Bau waren mir jetzt deutlich, und ein einziger Blick beseitigte Zweifel, die Jahre der Arbeit nicht hatten aufklären (sic!, Anm. R.-P. M.) können."[12] Aus dem gleichen Grund, nämlich um neue wissenschaftliche Erkenntnisse zu sammeln, versuchte am 23. Juni 1802 Alexander von Humboldt auf den Gipfel des damals als höchsten Berg der Erde angesehenen südamerikanischen Chimborazo (6310m) zu gelangen.

Das Bestreben, sich zu „Herren und Eigentümern der Natur aufzuschwingen" (Descartes), wurde von Erzherzog Johann von Österreich geteilt. Er gab den Auftrag zur Vermessung und Besteigung des „höchsten Spitz von Tyrol", des Ortler (3902m), der am 27. September 1804 vom Gemsjäger Josef Pichler und zwei Zillertalern mit Erfolg durchgeführt wurde. 1805/6 errichtete man eine sechs Meter hohe Steinpyramide, in die eine Messstation, einschließlich Baro- und Thermometer integriert wurde. Das Verfahren fand auch auf dem höchsten deutschen Berg, der Zugspitze (2962m), Anwendung, die am 27. August 1820 von dem Vermessungsoffizier Joseph Naus und zwei Begleitern bestiegen wurde. Wie auf dem Ortler wollte Naus eine Pyramide auf den Gipfel stellen, was aber „Mangel an Zeit und Material verhinderte".[13] Drei Jahre später wurde ihr Bau von Simon Resch nachgeholt.[14]

---

[12] Zit. nach Märtin, Nanga Parbat, S. 36
[13] Perfahl, Chronik, S. 64
[14] Krieger, Geschichte, S. 9

Bei all diesen Unternehmungen steht der wissenschaftliche Zweck im Vordergrund. Religiöse Konnotationen gibt es nicht. Auftraggeber wie Besteiger tun ihren ‚Job' im Bewusstsein, an der Spitze des Fortschritts zu stehen. Es dominiert das Gefühl der Freude über die gelungene Leistung. Der Einsatz für die Wissenschaft wird als verdienstvoll und nützlich empfunden. Die von ihnen errichteten Pyramiden oder Steinmänner passen gut zu ihrem Zweck als Messstationen und sind im Gegensatz zum Gipfelkreuz von vornherein profane Architekturzeichen.

Dem rationalen Vorgehen der Forscher in der Höhe entspricht ein staatlich verordnetes Programm gegen den mit den Bergen verbundenen ‚religiösen Aberglauben'. Kaiser Joseph II. erläßt 1785 ein Dekret gegen die Neuanlage von Kalvarienbergen und Kreuzwegen und verbietet die Kreuzwegandacht, deren heilsame Wirkung zur Aufhebung der Sünden der aufgeklärte Herrscher bezweifelt. Das Verbot wird erst 1837 wieder aufgehoben.[15]

4 Christliche Wissenschaft

Der Fürstbischof von Gurk und spätere Kardinal Franz Xaver Graf von Salm-Reifferscheid (1749-1822), ein ‚Jugendgenosse' Kaiser Joseph II., steht dessen Reformen nahe und ist Mittelpunkt eines an den Naturwissenschaften höchst interessierten Gelehrtenkreises.[16] Nach einem Besuch des französischen Naturforschers Belsazar de la Motte Haquet 1781 sieht er in der „Bezwingung des Großglockners das vornehmste Ziel wissenschaftlicher Betätigung"[17]. Im Großglockner vermutet er einen ähnlich hohen Berg wie den Montblanc – eine Fehlmessung ergab 4216 Meter, tatsächlich ist er 419 Meter niedriger –, dem er den Großglockner als „höchsten Berg der habsburgischen Länder" entgegenstellen will[18]. 1799 und 1800 organisiert er mit großem Aufwand zwei erfolgreiche Expeditionen, in deren Verlauf für seine Begleiter, insgesamt 62 Personen, darunter angesehene Mineralogen, Botaniker, Geologen, drei Hütten errichtet werden und die Gesellschaft sich an erlesenen Weinen (Champagner, Tokajer, Malaga und ein Fässchen Steyrer Wein), vorzüglichen Pasteten und frischem Obst (Ananas, Melonen, Feigen, Pfirsiche) labt: eine Verpflegung, die man damals für größere Höhen als

---

[15] Werner, a.a.O., S. 335f.
[16] Lehner, a.a.O., S. 95
[17] Welzenbach, Glocknerkamm, S. 99
[18] Klemun, Madame Sonne, S. 142

leistungssteigernd ansah, den 50jährigen Fürstbischof aber dennoch nicht auf den Gipfel brachte.

Zunächst wird am 25. August 1799 der Kleinglockner (3764m) bestiegen, den man fälschlicherweise für den eigentlichen Gipfel hält. Auf ihm platziert man das von Salm-Reifferscheid gestiftete „sechs Fuß hohe" (ca. 1,90m) eiserne Gipfelkreuz mit folgender lateinischer Inschrift: „Wohlan nun seltenes Felsenwunder! Erhebe Dein geziertes Haupt ...Zeige an das Werkzeug des Heiles, an welchem Dein Schöpfer und der Weltheiland gehangen ist, damit vom frühen Morgen an, das Christenvolk dasselbe erblicke, und noch am späten Abend fromm verehre."[19]

Im nächsten Jahr wird der Versuch am danebenliegende Großglockner (3797m) erfolgreich wiederholt. Am 28. Juli 1800 steht Pfarrer Matthias Hautzendorfer mit vier Bauern auf dem Gipfel, und einen Tag später wird ein doppelt so hohes, wiederum eisernes Gipfelkreuz von zwei Klafter (3,80m) errichtet. Es hat „in der Mitte vier vergoldete Platten" und ist vor Blitzschlag durch einen „Wetterableiter" geschützt. Im Fuß sind Messgeräte untergebracht, an der Spitze ist ein vergoldeter Hahn als Wetterfahne befestigt.[20] Die beiden Gipfelkreuze auf Klein- und Großglockner sind die ersten hochalpinen.

Im Vergleich zwischen Ortler und Großglockner zeigen sich Unterschiede und Gemeinsamkeiten. Die Motivation von Erzherzog und Fürstbischof ist die gleiche: wissenschaftliche Erkenntnis gepaart mit persönlichem Ehrgeiz. Im Gegensatz zu Johann ist jedoch Franz Xaver qua Amt zum Christentum verpflichtet. Dem trägt er durch die Verbindung von Kreuz und Messstation Rechnung. Die lateinische Inschrift – wer soll sie lesen können? – ist dabei genauso hermetisch wie ihr Anspruch. Das knapp zwei Meter messende erste Kreuz, das ja noch eingegraben werden muß, wird in seiner luftigen Höhe kaum von viel Christenvolk erblickt werden können.

Gipfelkreuz zwei, größer und mit einem Psalm (86,4) als Inschrift versehen: „Kommet her und sehet an die Werke Gottes, der so wunderbar ist in seinem Tun unter den Menschenkindern", löst zumindest unter den Geistlichen die schuldige Ehrfurcht aus. Der mitaufgestiegene Pfarrer Joseph Orrasch sieht im Gelingen der Expedition den Willen Gottes am Werk:

---

[19] Klemun, a.a.O., S. 325 u. 153
[20] von Hohenwart, zit. nach Schmitt, Großglockner-Chronik, S. 18, Schultes, Reise, Bd. 2, S. 244, Klemun, a.a.O., S. 157

Fürst Salm hat nun den Kopf des Königs mit dem Kreuze des sterbenden Erlösers geziert, was ihm gebührt. ... (Er) schien gutmüthig sich zu freuen, als man das heilige Panier hinauftrug ... Er drükte die Wolken hindann – sie wichen in tiefe Thäler zurük. Er hellte den Tag und gönnte uns die Freude, die Erhabenheit ... zu sehen. Noch lange danach ließ er das Siegeszeichen den Gläubigen in Flammen der Sonne glänzen – er dekte es mit den Wolken nicht. Schadlos begleitete er die guten Menschen dahin – schadlos führte er sie zurük.[21]

Und der Generalvikar und Manager der Expedition Sigismund von Hohenwarth formuliert: „Kann wohl jemand, der auf dieser höchsten Kuppe des Glockners steht, so gefühllos sein und während er das herrliche Schauspiel unter ihm schwindelnd betrachtet, nicht an denjenigen denken, demjenigen nicht danken, den nicht anbeten, der diese Wunderwerke geschaffen hat?"[22] Seitens der Theologen macht sich hier bereits die Befürchtung breit, es könne durchaus Menschen geben, Wissenschaftler, Kletterer, Naturliebhaber, die Gipfelgenuß auch ohne Gebet und Andacht empfinden. Hier erfüllt das Gipfelkreuz eine segensreiche Aufgabe: Dem Banausen, der die Idee Gottes und seiner Größe am Gipfel nicht spürt, gibt es einen unübersehbaren mahnenden Wink.

5 Der Sieg des Kreuzes

Am 3. Juni 1823, bei der Einweihung eines riesigen, acht Meter hohen gusseisernen Gipfelkreuzes auf dem Erzberg (1534m) in der Steiermark, ließ der Stiftsprediger von Admont, Aegidius Scherer, keinen Zweifel aufkommen, wie fortan mit den Gipfeln der Berge zu verfahren sei: „Keine eitle Riesensäule, keine stolze Pyramide ist es, welche ihr hier zum kalten, stummen Monument errichtet seht, sondern das Zeichen der Erlösung."[23] Der Hieb zielte genauso gegen Ortler wie Zugspitze, und Erzherzog Johann bewies seine wiedergefundene christliche Demut, indem er das Kreuz auf dem Erzberg stiftete.

Noch ehe ab der Mitte des 19. Jahrhunderts das sogenannte ‚Goldene Zeitalter des Alpinismus' einsetzt, in dem sämtliche wichtige Alpengipfel erstbestiegen werden, hat die christliche katholische Religion sich mit dem Gipfelkreuz die Berge als dauerhafte Präsentations- und Demonstrationsfläche

---

[21] Zit. nach Klemun, a.a.O., S. 239
[22] Zit. nach Schultes, a.a.O., S. 273
[23] Scharfe, Skizze, S. 108

des Glaubens erobert.[24] Dabei kommt es weniger darauf an, daß die Erstbesteiger auf den Gipfeln Kreuze errichten, sondern daß der kreuzlose Gipfel von der Bevölkerung als ‚unfertig', sogar als ‚unschön' begriffen wird. Pfarrer, dörfliche Honoratioren, profilierungssüchtige Großbauern, Vereine oder Sponsoren von außerhalb sorgen früher oder später für die ‚Komplettierung'.[25]

Der Volkskundler Martin Scharfe hat 1999 in einem Aufsatz und noch einmal 2008 in seiner Monographie *Berg-Sucht* die These aufgestellt, das Gipfelkreuz stelle eine „Deckerinnerung" im Freudschen Sinne dar. Der Bergsteiger „verdränge mit einer legitimierten Kulturgebärde (eben dem Gipfelkreuz, Anm. R.-P. M.) den Tabubruch der Gipfelbesteigung, die eigentlich verbotene Annäherung an das Göttliche."[26] Bei näherer Betrachtung der Quellen hat diese Beobachtung keinen Bestand. Der Wissenschaftler entmythologisiert den Berg durch seinen rationalen Ansatz – abgesehen davon, dass es der christliche Glaube schon vorher tat, als er den Sitz der Götter von den Bergen (Olymp, Ätna) in den Himmel verlegte. Die reinen Sportkletterer begreifen den Berg als Gegner, seine Überwindung in der Besteigung wird nicht als Tabubruch thematisiert, sondern als Steigerung des Ich im Kampf gegen die Natur gefeiert. Umgekehrt will die vom Pfarrer motivierte fromme Talschaft den bereits besiegten Berg mittels des Gipfelkreuzes endgültig domestizieren. Mit dem Heilszeichen gibt sie dem ‚wilden Berg' ein christliches Aussehen, holt ihn in die Zivilisation – alle drei Gruppen empfinden ihr Tun, wenn auch aus unterschiedlichen Gründen, als zutiefst befriedigend und sinnvoll.

Dem kirchlichen Alleinvertretungsanspruch auf dem Gipfel korrespondierte eine neue Naturauffassung, die sich besonders gut an Caspar David Friedrichs Gemälde „Das Kreuz im Gebirge" (Tetschener Altar) aus dem Jahre 1808 zeigen lässt. Statt eine Episode aus der Bibel zu wählen, macht Friedrich die Landschaft zum Gegenstand eines Altarbildes. Er hebt die in der Klassik gepflegte Teilung von Natur, Kunst und Religion auf, verschmilzt

---

[24] Vgl. dazu Klemun, a.a.O., S. 238: „Die Setzung des Kreuzes ist wie der Schritt auf den Gipfel ein Eroberungsakt, der als Demonstration von Hoheit zu verstehen ist."
[25] Als Beispiel mag die Dreiherrenspitze (3499m) in der Venediger-Gruppe dienen. Nachdem der Berg 1866 durch Ploner, Dorer und Feldner erstbestiegen wurde, folgte am 13. Aug. 1867 die Besteigung durch die Bauern Georg Nöckler und Thomas Innerhofer mit einem Gipfelkreuz.
[26] Scharfe, a.a.O. u. ders. Berg-Sucht, S. 272f.

die drei Bereiche und lässt die Natur zu einem Ort der Andacht werden.[27] Friedrich greift damit eine mittelalterliche Denkfigur auf, die auf Albertus Magnus zurückgeht, dass nämlich der Sinn der Natur darin bestehe, dass wir Gott in ihr erkennen.[28] Diese Auffassung setzt sich im 19. Jahrhundert als ‚romantische' Haltung gegenüber der Natur als Mehrheitsmeinung durch.[29] So formuliert der mit Friedrich eng befreundete Maler und Philosoph Carl Gustav Carus: „Tritt denn hin auf den Gipfel des Gebirges ... schau alle Herrlichkeit und welch Gefühl ergreift Dich? Es ist eine stille Andacht in Dir ... Dein Ich verschwindet, Du bist nichts, Gott ist alles."[30] Die Berge und Gipfel werden zu Andachtsräumen, zu „Kathedralen der Erde", wie es siebzig Jahre später der englische Kunstphilosoph John Ruskin formulieren wird. Sie mit Kreuzen, später auch mit Madonnen und Kruzifixen zu möblieren, erscheint so als pure Selbstverständlichkeit, die sich aus ihrer Bestimmung ergibt: „Der Berg wird damit zum Träger des christlichen Heilsversprechens."[31]

Diese Verwandlung der Alpenwelt in einen tausendgipfligen Ort des Gebetes und der Besinnung, in eine Riesenkirche, in der jeder Berg danach trachtet, ein Teil von ihr und als Zeichen der Auserwähltheit mit einem Kreuz ‚bekrönt' zu werden, drückt die Inschrift auf dem Gipfelkreuz des Hochfelln (1670m) aus dem Jahre 1886 präzise aus:

Seht, nun ist erhöht, erhoben
Auf dem Fels das heil'ge Zeichen!
Welches alle Berge loben,
Da sie alle wollen gleichen,
jenem Hügel, der es trug,
als man an das Kreuz ihn schlug.[32]

Wir finden die gleiche Auffassung in Gipfelbüchern niedergeschrieben, „Hin zu den Gipfeln geht unser Blick ... und wir lassen die Erde zurück, suchen das Kreuz, das die Tiefe versöhnt, suchen das Kreuz, das die Höhen erst krönet", oder in den Einweihungsreden bei der Aufstellung von Gipfelkreu-

---

[27] vgl. Hausler, Berg, S. 63, die von einer „zur Sakralität gesteigerten Naturvision" spricht.
[28] Ein Jahr nach seiner Wahl zum Papst hat Pius XI. den heiligen Bernhard von Menthon zum Schutzpatron der Bergsteiger ernannt (1923), 1931 hat er Albertus Magnus heiliggesprochen.
[29] Zacharias, Landschaften, S. 203f.
[30] Zit. nach Hausler, a.a.O., S. 66
[31] A.a.O., S. 64
[32] Werner, a.a.O., S. 417

zen. So lobt etwa 1957 der Ortspfarrer im Südtiroler Schnalstal, das Kreuz auf der Schröfwand (2700m) stelle eine Zierde des ganzen Tales dar,[33] und als endlich der Schweizer Viertausender Finsteraarhorn (4274m, bereits 1812 erstbestiegen) 1985 sein Gipfelkreuz bekommt, heißt es anerkennend: „Das Finsteraarhorn ist durch das Kreuz nicht höher geworden, aber würdevoller empfängt es den Gipfeleroberer."[34]

Mitte des 19. Jahrhunderts wurde ein Gipfelkreuz auf der Zugspitze als Ersatz für die ursprünglich errichtete Pyramide lebhaft vermißt. Denn „kahl und schmucklos erhebt er sein Haupt, obwohl der erste Fürst der bayerischen Gebirgswelt ... darauf wartend, dass patriotisches Hochgefühl und mutvolle Entschlossenheit, sein Haupt würdevoll schmückt."[35] Christoph Ott, Pfarrer von Partenkirchen, rief zu einer Subskription auf, die 610 Gulden, 36 Kreuzer erbrachte. Als Sponsoren zeichneten reiche Bürger und Adlige, darunter die spätere Königin von Bayern größere Beträge.[36] Vom 11.–13. August 1851 wurde das vergoldete Metallkreuz (150 Kilo schwer, vier Meter hoch) „zur betrachtenden Bewunderung" ausgestellt, dann in 28 Einzelteile zerlegt und von 29 Mann hinaufgeschafft. Um angesichts der Witterungsverhältnisse ein ordentliches Fundament zu schaffen, bohrte man sich rücksichtslos durch die zerbrechenden Steinplatten des Gipfels.

Das Zugspitzkreuz, dem zwei Jahre später ein ebenso prächtiges auf dem Hochstaufen (1711m) folgen wird und das einen regelrechten Gipfelkreuzboom auslöst, unterlegt dem christlichen Heilszeichen eine neue zusätzliche Bedeutung. Die einfache, einsame Andacht, die Erkenntnis des Einklangs von Gott und Natur tritt zurück. Stattdessen erhält das Gipfelkreuz eine Mahnmalfunktion. Sie wird in der Predigt des Pfarrers Ott genauso beschworen – „Möge es eine stete Aufforderung seyn, in dem heiligen Glauben unerschütterlich zu stehen – und wenn es gilt, zu fallen für Gott, König und Vaterland"[37] – wie im Gedicht „Das Zugspitz Kreuz" seines Amtskollegen L. Kirchmayr:

Ich seh auf weidereichen Höh'n
Und auch in stiller Täler Gründen
Die Gottesfurcht zu Grunde gehen

---

[33] Eppacher, Berg- und Gipfelkreuze, S. 52 u. 72
[34] Wyder, Finsteraarhorn, S. 101
[35] Zit. nach Richartz-Sasse, Gipfelglück, S. 203
[36] Krieger, a.a.O., S. 27
[37] Ott, Zugspitz-Expedition, S. 26

Und Treu und Liebe mehr verschwinden,
Ich sehe wider Fürst und Thron
Der Wühler wüste Legion
...
Ich seh auch jetzt das wahre Heil
Die Welt im Kreuze nur erlangen
Und darum steht auf Felsen steil
Und dicht von Wolken oft umhangen
Dein Aug in dieser kranken Zeit
Das Kreuz, gesegnet und geweiht.
...
Es warne jeden, der es schaut,
des Kreuzes ferner sich zu schämen.
Und dieses Kreuz, frisch aufgesteckt,
von Männern ohne Furcht und Grauen,
auf Felsen, die nur Schnee bedeckt,
begeistere zu Gottvertrauen
Zu Heldenmuth im Widerstand
Für Gott und Thron und Vaterland.[38]

Das hier beschworene Szenario ist eindeutig von der politischen Situation nach der Revolution von 1848 geprägt. Statt Gottvertrauen, festem Glauben und Respekt vor der Obrigkeit herrschen Kritik und Zweifel, ja man schämt sich offenbar sogar seines Glaubens. Demgegenüber bedeutet die Kreuzaufrichtung ein drohendes Signal der Umkehr, das Gipfelkreuz wird zum Auge Gottes, das die kranke Zeit strafend in den Blick nimmt, ein Aufruf, fest im Glauben zu bleiben.[39] Darüber hinaus wird das Gipfelkreuz noch mit patriotischer Bedeutung – bis zum Heldentod fürs Vaterland – aufgeladen. Nur logisch, dass nach dem Sieg über Frankreich, der die Zugspitze zum höchsten Berg des neugegründeten Deutschen Kaiserreiches befördert, eine deutsche Fahne neben dem Kreuz aufgepflanzt wird.[40]

---

[38] A.a.O., S. 29
[39] Ähnlich ruppig und den ungläubigen Leser bereits voraussetzend die Inschrift (1.8.1949) auf dem Kreuz auf der Zinseler Spitze (2422m): „Mensch! Kannst Du an Gott noch zweifeln, wo Dir sein Werk vor Augen steht?"
[40] Krieger, a.a.O., S. 48, am 9. Juli 1872.

6 Gipfelkreuz plus

Gerade bei den Gipfelkreuzen an prominenter Stelle wird der religiöse Bezug als so selbstverständlich vorausgesetzt, und demnach gar nicht mehr diskutiert, dass er sich quasi verliert und zur Folie und Hintergrund für die eigentliche Bedeutung absinkt. Das Kreuz wird nach und nach zum Transportmittel für profane Botschaften, das – ich greife hier vor – in absteigender Linie zunächst nationalen und politischen Belangen, später mehr und mehr privaten Zwecken dient.

1880 wird vom österreichischen Alpenklub auf dem Großglockner ein neues Kreuz aufgestellt: „Zum feierlichen Angedenken an das von den Völkern Österreichs am 24. April 1879 begangene Familienfest des 25jährigen Ehejubiläums Ihrer Majestät Kaiser Franz Josef I. und der Kaiserin Elisabeth". Acht der bedeutendsten österreichischen Eisenwerke stellen Material und Know How kostenlos zur Verfügung. Das neue Kreuz lässt die benachbarten Bayern nicht ruhen. Zur Zentenarfeier König Ludwig I. wird am 25. August 1886 auf dem Hochfelln ein in der staatlichen Maxhütte gegossenes Kreuz von vierzig Chiemgauer Bürgern auf den Gipfel getragen.

Nach dem Ersten Weltkrieg erhalten die Gipfelkreuze eine neue Funktion als Orte des Heldengedenkens und als Kriegerdenkmäler. Auf dem Großglockner wird das mittlerweile nicht mehr geschätzte Kaiserhaus entsorgt und durch eine neue aktuelle Inschrift ersetzt:

Die ihr auf unserer Heimat größten Zinne steht, wie sie durch dunklen Fels zum Lichte geht, derer, die aus Licht ins Dunkel gingen, dem Vaterland helles Licht zu bringen, denkt ihrer treu, dann wird dem Mutterland ihr Tod der Auferstehung Unterpfand. Seinen im Weltkrieg gefallenen Mitgliedern. Der Österreichische Alpenklub.

Auf dem Aiplspitz (1759m) wird 1923 ein Gedenkkreuz zur Erinnerung an die Kameraden der bayerischen Gebirgsartillerie „die im Weltkrieg für Volk und Vaterland" fielen, errichtet. Auf eisernen Seiten sind die Namen der Toten im Gipfelbuch festgehalten.[41] Schon vorher (1920) mahnte das Gipfelkreuz auf dem Hochvogel (2592m) an die gefallenen Gebirgsjäger. Seine Weihe vollzog sich unter Böllerkrachen und „flotten Weisen" der Immenstädter Regimentskapelle, wie die lokale Presse berichtet.[42] „Das Gipfelkreuz

---

[41] Zebhauser, Gipfelkreuze, S. 64
[42] Eppacher, a.a.O., S. 16

wird zum alpinen Kriegerdenkmal schlechthin",[43] konstatiert Paul Werner; zumal in Südtirol, wo die siegreichen Italiener Kriegerdenkmäler der deutschsprachigen Bevölkerung schlicht verbieten. Die Südtiroler weichen in die Höhe zum ‚unverfänglichen' Gipfelkreuz aus. Nach dem Zweiten Weltkrieg setzt sich die Tradition der Kriegskreuze, emblematisch passend meist mit eisernen Lorbeer- oder Edelweißkränzen ausstaffiert, fort. Als Beispiel sei das 1951 errichtete Chiemgaukreuz auf der Kampenwand genannt. Das zwölf Meter hohe, 1,8 Tonnen schwere Kreuz wurde aus alten Panzerplatten errichtet. Ähnliche Kreuze werden aus dem Material abgestürzter Flugzeuge zusammengeschweißt, Holzkreuze aus den Resten niedergebrannter Kirchen angefertigt. Als weitere Variante seien die Heimkehrerkreuze genannt, die man nach beiden Weltkriegen zur Erinnerung an gefallene Kameraden, als Dank für glückliche Heimkehr oder als Mahnmal für den Frieden aufstellt.[44]

Die ‚Umnutzung' bzw. ‚Anreicherung' des Gipfelkreuzes machte es ab den zwanziger Jahren des letzten Jahrhunderts auch für das Proklamieren politischer Botschaften attraktiv. So errichtete 1930 die Alpenvereinssektion Dillingen ein Kreuz auf der Leilachspitze (2274m) anlässlich der Befreiung des Rheinlands von französischer Besatzung, und in den Ostalpen erinnerten Gedenkkreuze an den am 25. Juli 1934 von nationalsozialistischen Attentätern ermordeten österreichischen Bundeskanzler Dollfuß. Nach dem Zweiten Weltkrieg wurde der Kampf um eine Autonomie für Südtirol auch per Gipfelkreuz geführt. So findet sich auf dem Moosstock (3062m) ein 1956 aufgestelltes Kreuz mit der beziehungsreichen Bitte: „Laß nicht zu stark den Südwind wehen, sonst könnt' unser Landl untergehen ... schalt lieber mehr den Nordwind ein, der sicher der Heimat den Sonnenschein."[45]

In der Zeit des ‚Dritten Reiches' wurde das Gipfelkreuz oft zum Symbol kirchlich-christlichen Widerstands. Die antiklerikale Einstellung der nationalsozialistischen Massenorganisationen führte zur Zerstörung vieler Gipfelkreuze, gerade wenn sie Inschriften trugen wie diese, der beigegebene Blitzableiter möge nicht „nur die Elementargewitter mildern und abhalten, sondern auch die Wetter des glaubens- und heimatlosen Zeitgeists."[46] Derartige Gipfelkreuze wurden vor allem im Zusammenhang des vom Papst 1933

---

[43] Werner, a.a.O., S. 421
[44] Eppacher, a.a.O., S. 56 u 59
[45] A.a.O., S. 91
[46] A.a.O., S. 56

ausgerufenen „Heiligen Jahrs" errichtet. Notwendige Reparaturen und Neuaufstellungen wurden von den Gauleitungen verboten. Nach dem „Endsieg" sollten Hakenkreuze die Gipfel „schmücken".[47] Im Gegenzug kam es zur nächtlichen Aufstellung von „Widerstandskreuzen", oberhalb anspruchsvoller Kletterrouten, die schwer kontrolliert werden konnten, etwa 1943 auf der Fleischbank (2187m) im Kaiser-Gebirge.[48] Nach 1945 eroberte sich die katholische Kirche, mit ihrem jahrtausendealtem Gespür für symbolische Politik, die Hoheit über die Gipfel prompt wieder zurück. 1950 wurde ein Heiliges Jahr ausgerufen, 1954 folgte ein Marianisches Jahr. Beide führten zu einer erheblichen Vermehrung der Gipfelkreuze. Ein schönes Beispiel für die nach dem Krieg neubelebte Religiosität bietet das Gipfelkreuz auf dem Wilden Freiger (3419m), das 1952 von 150 Jungen und Mädchen der Katholischen Jugend Köln errichtet wurde, um ihre Verbundenheit mit dem Deutschen Katholikentag auszudrücken. Das fünf Meter hohe Kreuz trägt die Inschrift „Gott lebt" und richtet seine – trotzige – Botschaft offensichtlich nicht an die Gläubigen, die davon überzeugt sein dürften, sondern an die Zweifler. Hier greift eine andere These Scharfes, des bereits zitierten Volkskundlers, über das massenhafte Anbringen von Kreuzen auf Berggipfeln. Es diene vor allem dazu, zu verdrängen, dass Gott tot sei, und er schlußfolgert: „Je wackliger der Glaube, desto fester aufgerichtet das Zeichen des Glaubens."[49]

Im Laufe der zweiten Hälfte des letzten Jahrhunderts werden die Anlässe zur Aufstellung von Gipfelkreuzen immer beliebiger. Die deutschen Pfadfinder errichten eines zum hundertsten Geburtstag ihres Gründers Lord Baden Powell. Es folgen Kreuze für verdiente Alpinisten (Felix Kuen, 1976) oder verunglückte Bergkameraden (Direktor der Innsbrucker Universitätsbibliothek). Um ins Guiness-Buch der Rekorde zu kommen, entsteht 1969 ein Gipfelkreuz (17,3m hoch, 10,3m breit, 2,7 Tonnen schwer) im österreichischen Paznauntal oberhalb von Ischgl.[50] Talschaften überbieten sich mit Gipfelkreuzen auf ihren ‚Hausbergen'. 1985 organisiert der Tiroler Tourismusverband die Aktion: „Gipfel stürmen, ein Gipfelkreuz mit eigenem Namensschild aufstellen und alle anderen Erlebnisse, von denen man weiß,

---

[47] Mathis, a.a.O., S. 21
[48] Eppacher, a.a.O., S. 58
[49] Scharfe, Skizze, S. 118f.
[50] Eppacher, a.a.O., S. 73

dass sie Männerherzen höher schlagen lassen."[51] Ein „Kreuz für die Familie" auf der Pfannspitze (2678m) in den Karnischen Alpen beschwört die Notwendigkeit ihrer Erhaltung. Bergführer, die gesund und wohl von ihren Touren zurückgekommen sind, danken mit einem Gipfelkreuz, andere für ihre Errettung aus Bergnot. Mittlerweile ist bereits das bestandene Abitur gipfelkreuzgeeignet. Angesichts der steil angestiegenen Friedhofspreise dürfte sich das Stifterkreuz eines Kitzbüheler Schuldirektors bereits amortisiert haben, der zur Bedingung machte, dass er unweit davon begraben werde.[52] Gefährdet sind Berge, die nach gängigen Vornamen benannt wurden, etwa die Gebhardspitze (3118m) im Ötztal, die mittlerweile „ein besonderes Kreuz" trägt. Gebhard Kirschbaum entdeckte die namensgleiche Spitze in seinen Ferien und beschloß „nach einigen Weizen", ein Gipfelkreuz von 3,30m Höhe aus Metall zu errichten. Gesagt, getan, und am Abend des 11. September 2006 feierte man die erfolgreiche Aufstellung mit einem „kühlen Hellen".[53] Inwieweit diese Gipfelkreuze tatsächlich ihre „erste und verbindliche Aufgabe" erfüllen, die Menschen „an Gott zu erinnern"[54], darf man wohl mit Fragezeichen versehen. Zu vermuten steht, dass das Kreuz auf dem Gipfel längst jene Rolle spielt, die dem Herrgottswinkel in den Alpengasthöfen und dem Kreuz auf den Dekolletes der Damen und auf braungebrannten Männerbrüsten zukommt: Schmuck und reine Folklore.

7 Kritik am Kreuz

Im Streit der Alpinisten zwischen „Erschließern" und den Anhängern des „Ödlandgedankens" waren letztere immer in der Minderheit. Ziel des 1874 zum „Deutschen und Österreichischen Alpenvereins" fusionierten Bergfreundeverbandes war ja nicht die Bewahrung der Natur, sondern „die Kenntnis der Alpen zu erweitern ... sowie ihre Bereisung zu erleichtern."[55] Der Streit über die Anlage von Wegen, Hüttenbauten, Klettersteigen, kurz all das, was den Massen den Aufenthalt im Gebirge erleichterte, dabei jedoch seine Wildheit und Unberührtheit zerstörte, erstreckte sich auch auf das Gipfelkreuz. Ich habe am Anfang Zsigmondy zitiert. Eugen Guido Lammer ging

---

[51] Mathis, a.a.O., S. 23
[52] Eppacher, a.a.O., S. 49 u. 59
[53] Kreuz, S. 12
[54] Wyder, a.a.O., S. 54
[55] Statuten des DÖAV vom 9. Sept. 1876, § 1, zit. nach Dreyer, Alpinismus, S. 179

weiter. In seinem Aufsatz „Naturfreunde und Naturschutz" (1928) sprach er sich generell gegen alle Zeichen menschlicher Zivilisation in der Wildnis aus. Weder aus Dankbarkeit noch zum Gedenken an den Krieg noch als Stätte des Gebets wollte er das Gipfelkreuz akzeptieren: „Was hat das Kreuz in der Gebirgsöde zu sagen? Lasset doch die Sprache der Elemente rein erklingen, lasset die Natur unverfälscht zu eurer Seele sprechen. ... Menschendenkmale haben nichts in der Wildnis verloren ... wenn ihr beten wollt, verehrt die Gottheit in der furchtbaren Erhabenheit der Naturelemente." Lammer braucht die Berge als Antidot gegen die Zivilisation, und das können sie nur sein, wenn sie eine Landschaft der natürlichen Empfindungen und Reize sind, daher müssen sie wild bleiben und dürfen durch Kunstbauten nicht verunziert werden. „Der schmale Gipfel des Großglockners kann kaum 20 Menschen empfangen, aber man hat ihm noch ein riesiges Kreuz mit Eisenseilen aufgeschmiedet!"[56]

Demgegenüber betonten die Verfechter des Gipfelkreuzes seine religiöse Funktion, sowohl als Seismographen – je mehr Kreuze, desto stärker der Glaube der Bevölkerung – als auch auf Gott verweisendes Zeichen. Von der Dorfjugend errichtete Gipfelkreuze zeugten von „Opferbereitschaft" und daß man „treu zum Väterglauben steht". Das alte Modell vom Gebirge als Riesenkirche beschwört aktuell Werner, wenn er behauptet, das Gipfelkreuz sei „in der Hektik und im Streß unserer Zeit mehr denn je zum Ort und zum Symbol stiller innerer Einkehr geworden."[57] Angesichts neuester Kreationen wie eines am 27. Mai 2000 auf dem Dürrenstein (2839m) errichteten vierzehn Meter hohen Gipfelkreuzes lässt sich die beschworene Aura der Kontemplation kaum nachvollziehen. Die Konstruktion aus 450 Kilo Holzbalken, 150 Kilo Zement, der mit 80 Liter Wasser angerührt werden mußte, Blitzableiter, Eisenplatten und Verankerungsseilen, die 28 Mann mit Hilfe von 150 belegten Broten und 200 Dosen Bier 800 Höhenmeter hinauf zum Gipfel schleppten, beeindruckt in ihrer Monumentalität eher als Werk der Technik als eins der Frömmigkeit.[58]

---

[56] Lammer, Naturfreunde, zit. nach Messner/Höfler, Lammer, S. 127, als R. Messner, der in vieler Hinsicht Lammers Gedanken aufgenommen hat, sich dafür aussprach, jegliche Symbole der Religion (Kreuze, Halbmonde, Madonnen) wie der Ideologie (Stalin- oder Maobüsten) von den Gipfeln zu verbannen, schlug ihm wütender Protest entgegen, und die Südtiroler Zeitung „Die Dolomiten" schmähte ihn als gott- und traditionslos.
[57] Werner, a.a.O., S. 421
[58] Mittl. DÖAV, Heft 1, 2001, S. 16

Inwieweit der von den Verfechtern der Gipfelkreuze in Anspruch genommene Gott tatsächlich mit Wohlgefallen auf das diesbezügliche Werk der Menschen herabschaut, ist offen. Tatsächlich herrscht eine doppelte Wettermoral. Ist das Wetter schön, bricht gar die Sonne durch bei der Aufstellung, interpretiert man ihre milden Strahlen als Zeichen göttlichen Einverständnisses. Ablehnung, etwa durch Blitzschlag, wird dagegen nicht zur Kenntnis genommen, sei es, daß man die göttliche Meinungsäußerung durch einen Blitzableiter verhindert oder die durch Blitzschlag zerstörten Gipfelkreuze unermüdlich durch neue ersetzt. Nur selten lässt man Gott das letzte Wort. 1953 wurde im Tannheimer Tal ein Gipfelkreuz zum Gedenken an die im Zweiten Weltkrieg gefallenen Landsleute errichtet. Prompt entwickelte sich ein Streit zwischen Tannheim und Nesselwang, in welche Richtung Christus schauen müsse. Auf dem Höhepunkt der bereits gewalttätige Formen annehmenden Auseinandersetzung löste der Herr das Problem durch einen präzisen Blitz.[59]

8 Literatur

Danner, Peter: Zur Geschichte des Gipfelkreuzes, in: Mittl. DÖAV, Heft 2 (2000), S. 6–7
Ders.: Ärzte, Humanisten, Konquistadoren. Das Besteigen der Berge in der frühen Neuzeit, 1. Teil, in: Berg 2005, Alpenvereinsjahrbuch, S. 178–197
Dreyer, Aloys.: Der Alpinismus und der Deutsch-Österreichische Alpenverein, Berlin 1909
Eppacher, Wilhelm: Berg- und Gipfelkreuze in Tirol, Innsbruck 1957
Ermacora, Andreas: Ein Kreuz mit dem Gipfelkreuz, in: Mittl. DÖAV, Heft 2 (2000), S. 4
Fiege, Gertrud: Caspar David Friedrich, Hamburg 2006 (10. Aufl.)
Grasberger, Thomas: Wunden am Schädel des Riesen, in: Berge, Heft 1 (2002), S. 104
Haid, Hans: Von der uralten Heiligkeit der Berge und ihrer Entweihung, in: Mittl. DÖAV, Heft 6 (1998), S. 10–11
Hausler, Bettina: Der Berg. Schrecken und Faszination, München 2008
Hiebeler, Toni: Die Zugspitze. Von der Erstbesteigung bis heute, München 1979
Höfler, Horst/Zembsch, Heinz (Hrsg): Watzmann. Mythos und wilder Berg, Zürich 2001
Klemun, Marianne: ... mit Madame Sonne konferieren. Die Großglockner-Expeditionen 1799 und 1800, Klagenfurt 2000
Ein besonderes Kreuz für die Gebhardspitze (3118m). Vater und Sohn engagieren sich auf spezielle Weise im Ötztal, in: DAV-Panorama, 2/2007, S. 12 (pk)
Krieger, Max: Geschichte der Zugspitzbesteigungen, München 1884

---

[59] Eppacher, a.a.O., S. 17. Es kam hin und wieder sogar zum Verbot von Gipfelkreuzen wegen akuter Gipfelgefährdung, da selbst der abgeleitete Blitz das Gestein sprengen kann, das gelockerte Gipfelkreuz immer wieder neu verankert werden und dabei Fels abgetragen werden muß. So geschehen bei der Ellmauer Halt (2344m), wo ein Blitz den Gipfel spaltete, a.a.O., S. 57

Lammer, Eugen Guido: Naturfreunde und Naturschutz, in: Der Naturfreund, Jg. 32 (1928), S. 55–62
Lehner, Wilhelm: Die Eroberung der Alpen, München 1924
Lütkehaus, Ludger: Der Kolumbus des Alpinismus. Die Erstbesteigung des Mont Aiguille durch Antoine de Ville im Jahre 1492, in: Berg 98, Alpenvereinsjahrbuch, S. 105–107
Märtin, Ralf-Peter: Nanga Parbat. Wahrheit und Wahn des Alpinismus, Berlin 2004²
Mathis, Claudia: Dem Himmel nah ... Von Gipfelkreuzen und Gipfelsprüchen, Innsbruck 2002
Messner, Reinhold: König Ortler, Lana 2004
Ders./Höfler, Horst (Hrsg): Eugen Guido Lammer. Durst nach Todesgefahr, Augsburg 1999
Oster, Uwe A. (Hrsg): Wege über die Alpen. Von der Frühzeit bis heute, Darmstadt 2006
Ott, Christoph: Die Zugspitz-Expedition zur Errichtung eines vergoldeten Eisen-Cylinder-Kreuzes auf dem höchsten westlichen Zugspitzgiebel am 11., 12. und 13. August 1851, München 1851
Perfahl, Jost: Kleine Chronik des Alpinismus, Rosenheim 1984
Ratti, Achille (d.i. Papst Pius XI.): Alpine Schriften, Berlin 1925
Richartz-Sasse, Claudia: Gipfelglück – Die Geschichte der Erschließung der Zugspitze, in: Berg 2006, Alpenvereinsjahrbuch, S. 202–219
Ritschel, Bernd/Dauer, Tom: Die Zugspitze. Menschen, Massen, Mythen, München 2000
Scharfe, Martin: Erste Skizze zu einer Geschichte der Berg- und Gipfelzeichen, in: Hessische Volksblätter für Volks- und Kulturforschung 35 (1999), S. 97–124
Ders.: Berg-Sucht. Eine Kulturgeschichte des frühen Alpinismus, Wien u.a. 2007
Ders.: Das Gefühl der Höhe. Bilder zur Frühgeschichte der Bergsteigerseele, in: Philipp Felsch u.a. (Hrsg.), Berge, eine unverständliche Leidenschaft, Wien u. Bozen 2007, S. 33–47
Schimke, Georg: Kreuzfreier Gipfel, in: Alpin, Nr. 10 (1995), S. 3
Schmitt, Fritz: Großglockner-Chronik. Aus der Erschließungsgeschichte der Glocknergruppe, in: Jahrbuch DÖAV 1965, Bd. 90, S. 17–34
Schultes, Joseph August: Reise auf den Glockner. An Kärnthens, Salzburgs und Tyrols Grenze, 4 Bde., Wien 1804
Tursky, Franz: Der Großglockner und seine Geschichte, Wien u. Leipzig 1922
Vierthaler, Franz Michael: Meine Wanderungen durch Salzburg, Berchtesgaden und Österreich, Zweiter Theil, Wien 1816
Ders.: Die Reise auf den Großglockner 1800, München 1938 (Reprint)
Welzenbach, Willi: Der Glocknerkamm, in: Jahrbuch DÖAV 1928, Bd. 59, S. 98–112
Werner, Paul u. Richilde (Hrsg.): Vom Marterl bis zum Gipfelkreuz. Flurdenkmale in Oberbayern, Berchtesgaden 1991
Ders.: „Zum Beweis, dass wir dagewesen ...". Zur Geschichte unserer Gipfelkreuze, in: Ars Bavarica 63/64 (1991), S. 112–144
Wyder, Theodor: Finsteraarhorn. Von der Erstbesteigung zum Gipfelkreuz, Disentis 1987
Zacharias, Kyllikki: Landschaften, in: Hubertus Gaßner (Hg): Caspar David Friedrich. Die Erfindung der Romantik, München 2006, S. 195–222
Zebhauser, Helmuth: Gipfelkreuze. Zeichen von Anwesenheit im Gebirg, in: Mittl. DÖAV, Heft 6 (1995), S. 63–64
Zsigmondy, Emil: Die Gefahren der Alpen. Erfahrungen und Ratschläge, 4. von W. Paulcke neu bearb. und erg. Aufl., Innsbruck 1908

Zur Ehre Gottes oder auf dem Weg zum Nirvana? – Zum Verständnis von Sport in Christentum, Islam und Buddhismus

Dagmar Dahl

1 Prolog

Der Titel diese Beitrages deutet es bereits an: Sport kann aus unterschiedlichen Gründen betrieben werden, und der Sport, so wie wir ihn meist erleben, nämlich als körperliche Bewegungsaktivität, die Leistung anstrebt, kann unterschiedlich verstanden und interpretiert werden.

In diesem Beitrag sollen, nach einem allgemeinen Einstieg in die Thematik Sport & Religion, einige Gesichtspunkte zum Verständnis von Sport in Christentum, Islam und Buddhismus vermittelt sowie auf daraus folgende Impulse für die ethische Diskussion zum Sport hingewiesen werden. Dass dies nur überblicksartig geschehen kann, liegt anhand der Komplexität des Themas auf der Hand. Zu hoffen ist aber, dass diese Impulse neue Perspektiven eröffnen und zu weiteren Gedanken und Diskussionen anregen.

2 Haben Religionen eigentlich mit Sport etwas zu tun?

Denken wir an eines der größten Sportereignisse, nämlich die Olympischen Spiele, so liegt der Gedanke an Religion nicht so fern:

Die antiken Olympischen Spiele waren eine Form von Gottesdienst zu Ehren der griechischen Götter. Pierre de Coubertin, der Initiator der Olympischen Spiele der Neuzeit ließ sich dadurch inspirieren und sprach von der „religio athletae" (vgl. Spitzer, 2003). Nichtsdestotrotz betont die Olympische Bewegung ihre Neutralität hinsichtlich der Weltanschauungen, und nicht nur die Olympischen Spiele, sondern auch andere sportliche Großveranstaltungen beanspruchen für sich völkerverbindend, unabhängig von Rasse, Religion, Nationalität und Geschlecht, zu sein.

In den Grundprinzipien der Olympischen Charta finden wir folgende Worte:

2. Der Olympismus ist eine Sicht des Lebens, die in ausgewogener Ganzheit körperliche, willensmässige und geistige Fähigkeiten miteinander vereint und überhöht. Indem er den Sport mit Kultur und Erziehung verbindet, ist der Olympismus darauf gerichtet, eine Lebensweise herbeizuführen, die auf die Freude am körperlichen Einsatz, auf den erzieherischen Wert des guten Beispiels und auf die Achtung fundamentaler und universell gültiger ethischer Prinzipien gegründet ist.
6. Die olympische Bewegung setzt sich zum Ziel, einen Beitrag zum Aufbau einer friedlichen und besseren Welt zu leisten, indem sie die Jugend mit Hilfe des Sports erzieht, eines Sports, der, auf jede Form von Diskriminierung verzichtend und in olympischem Geiste ausgeübt, gegenseitiges Verstehen, den Geist der Freundschaft, Solidarität und Fairplay erfordert.[1]

Fraglich ist dabei jedoch, ob nicht der Entstehungszusammenhang des Internationalen Spitzensports und der Olympischen Spiele im christlichen Abendland nicht bereits eine immanente Begrenzung aufweist. Haben andere Religionen ein ähnliches Verständnis von Sport, vom Körper und dem sich bewegenden Körper? Ist der Sport wirklich basiert auf universal-ethischen Prinzipien?

3 Der Hintergrund

Die meisten Gesellschaften des 21. Jahrhunderts sehen sich der zunehmenden Globalisierung gegenüber – ein schillernder Begriff und ein vielfältiges Phänomen, das in seinen Prozessen nicht nur die Wirtschaftsysteme und den globalen Markt beeinflusst, sondern auch kulturelle Aspekte. In Europa sind multikulturelle post-moderne Gesellschaften mit verschiedensten Lebensentwürfen und einer Vielzahl an ideologischen Varianten von Lebensgestaltung Realität, der sich der einzelne zu stellen hat (vgl. Degele/Dries, 2005). Den Weltreligionen kann dabei die Aufgabe zufallen, im Meer der zahlreichen und sich teilweise widersprechenden Werte und Normen einer postmodernen Welt Orientierung anzubieten. Auch der internationale Spitzensport steht den Herausforderungen von Globalisierung gegenüber, genannt seien hierbei exemplarisch die zunehmende Standardisierung von Sport- und Bewegungskulturen sowie die zunehmende Kommerzialisierung, welche wiederum Einfluss auf die Dopingproblematik hat. Wie wir einleitend bereits andeuteten, schreibt sich der internationale Sport andererseits völkerverbin-

---

[1] (IOC Olympische Charta 2001/4) http://resi.lernnetz.de/proj/os12/ioc/chartade.html, aktualisiert 28.5.07.

dende Eigenschaften zu, die zu einem friedlichen Miteinander der verschiedenen Kulturen und Religionen beitragen könnten.

Auf der Basis dieser Grundgedanken können nach einem kurzen Beleuchten der beiden Grundbegriffe und deren Relation zueinander folgende Schritte interessant sein:

Auffassung von Sport basierend auf dem Verständnis von Körper und Bewegung

↓

daraus folgernd: Haltung zum internationalen Spitzensport

↓

ethische Impulse zum Spitzensport

↓

Grundlage für einen interreligiösen Ethikdiskurs zum Spitzensport, unterstützend für eine weltanschaulich neutrale Sportethikreflexion

---

Einleitend sind bereits einige Zeichen der Zeit genannt worden, die sich mit Blick auf den Sport in zwei Hauptproblemfelder gliedern lassen. Es geht dabei um:

1. Sport in Relation zur Gesellschaft. Die Globalisierung beeinflusst auch den Sport, gerade den internationalen Spitzensport. Dieser beansprucht für sich, eine offene Arena der Bewegung für alle zu sein, unabhängig z.B. von ihrer Religion. Zu hinterfragen hierbei ist seine ursprüngliche kulturelle Verankerung in abendländisches-christliches Denken. Es geht also grundsätzlich darum, die Haltung zum Sport in den Religionen zu beleuchten. Welche ethischen Prämissen sind dabei wichtig? Dies leitet über zum zweiten Problemfeld:

2. Spitzensport in Relation zu seinen internen Herausforderungen: der Ethikdiskurs im/über Spitzensport. Der moderne Spitzensport muss in einer Zeit, in der er durch ethische Dilemmata in seinen Grundfesten bedroht ist, sich immer wieder neu der sportethischen Reflexion unterziehen; daher wäre

es interessant zu sehen, welche Impulse die Religionen zum Ethikdiskurs zum Spitzensport leisten könnten. Dass dieser Ethikdiskurs eine kulturelle Perspektivenerweiterung vonnöten hat, liegt angesichts der Situation im internationalen Spitzensport mit Teilnehmern aus unterschiedlichsten Kulturkreisen auf der Hand. Meinberg erwähnt bereits 1991:

> Da dem Sport, auch außerhalb von bekennerhaften Feiertagsdeklarationen, immer wieder eine völkerverbindende Integrationspotenz nachgesagt wird, und da er zunehmend als „Exportartikel" für außereuropäische Kulturkreise „gehandelt" wird, die u.a. nicht bloß von uns differierende Bewegungsmilieus, Körpervorstellungen und -mythen, sondern auch mitunter gänzlich anders geartete Rationalitätsstrukturen ausgebildet haben, sind kulturanthropologische Feldstudien wie Deutungen eminent fruchtbar für eine Makrosportethik, die mit europäischem Ethnozentrismus unverträglich ist (Meinberg, 1991:44).

Die methodische Annäherung erfolgte in der diesem Beitrag zugrunde liegenden Studie über hermeneutische Analysen und Vergleiche, wobei im Sinne einer Triangulation unterschiedliche Quellen wie Heilige Schriften, andere grundlegende Texte der Religionen, Sekundärliteratur, Experteninterviews und Gespräche mit Religionsvertretern herangezogen wurden.

4 Die Begriffe

Sowohl der Begriff ‚Sport' als auch der Religionsbegriff sind beide äußerst komplex und nicht eindeutig und klar definiert. Sport wird ausgehend von der alltagstheoretischen Verwendung mit folgenden Merkmalen und Beschreibungen belegt, die jedoch nicht notwendigerweise alle zutreffend sein müssen. Der Sportsoziologe Heinemann (1998) nennt „körperliche Bewegung, Leistungsprinzip, sportartentypisches Regelwerk" sowie „Unproduktivität", der amerikanische Sportphilosoph Suits (1994) betrachtet Sport als eine Form von Spiel mit einer bestimmten Zielsetzung. Hierzu gibt es zulässige Mittel, um dieses Ziel nach bestimmten Regeln zu erreichen, und die Teilnehmenden kennzeichnet eine Art spielerische Grundhaltung. Ergänzend hierzu sieht der Sportpädagoge Grupe (1998) im Sport die Symbolisierung von menschlichen Grundbedürfnissen wie Freude, Vergnügen, Spiel und Spannung. Ferner unterscheidet er die Bedeutung von Bewegung im Sport in vier Aspekten:

1. Eine instrumentelle Bedeutung: Etwas wird erreicht, hergestellt, ausgedrückt und erfahren. Diese ist gewissermaßen die grundlegende Bedeutung im Sport.
2. eine explorative-empirische Bedeutung: Die Umwelt, der Körper, die Beschaffenheit der Dinge wird erlebt und erfahren, Bewegung als Erkenntnismittel
3. eine soziale Bedeutung: Diese kann interaktional-kommunikativ sein, in der Herstellung und Wahrnehmung von Beziehungen zu anderen Menschen, ausdrückend-expressiv im Ausdrücken von Gefühlen über Bewegungen sowie rituell-darstellend, wenn eine bestimmte, sozial festgelegte Bedeutung von Bewegung zum Ausdruck gebracht wird.
4. eine personale Bedeutung: „indem wir in unserer Bewegung und durch sie uns selbst erleben, erfahren, finden, aber auch verändern können" (Grupe in Krüger/Grupe, 1997:209).

Die Reichweite der verschiedenen Definitionen ist begrenzt durch den jeweiligen kulturellen Kontext und die individuellen Sportmodelle, die der einzelne kennengelernt hat.

Auch der Religionsbegriff ist komplex und vielfältig. Eine endgültige Definition, was Religion ausmacht, existiert jedoch nicht. Im Zuge eines postmodernen Relativismus sind viele Wissenschaftler zur Ansicht gekommen,

daß ‚Religionen' eine solche Vielfalt von Glaubensvorstellungen, Symbolen und Praktiken hervorgebracht haben, daß man diese unmöglich in einer einzigen Definition oder Theorie erfassen könne. Andere haben noch weitergehend argumentiert, daß die Bedeutung von ‚Religion' im Kontext von Macht diskursiv erzeugt wird und sich deshalb historisch und traditionsgebunden unterschiedlich konstituiere (Riesebrodt, 2001:36).

Je nach Präferenz der Religionswissenschaftler stehen zuweilen bestimmte Perspektiven im Vordergrund. Figl (2003) hebt die Bedeutung der religiösen Sprache hervor, und Cupitt setzt mit seiner „linguistischen Theorie religiöser Praxis" (Cupitt, 2001:17) diese gänzlich als für das Phänomen Religion konstituierend ein und provoziert mit der impliziten Behauptung, Religion sei eine Sprachschöpfung. Ohne näher auf diesen Gedanken einzugehen, der gewissermaßen an die Frage nach dem Ei und dem Huhn erinnert, können unabhängig davon an den kaum bestrittenen ‚Weltreligionen' – wie auch immer sie entstanden seien – einige grundlegende Merkmale festgehalten werden. Gemeinsame Grundkennzeichen für die Definition von Religion lassen sich nach Figl (2003) unter verschiedene Definitionsklassen einordnen, unterschieden wird dabei zwischen „substantiellen" und „funktionalistischen" Definitionen (vgl. auch Mcguire, 2002).

Substantielle oder auch essentielle Definitionen zielen auf die wichtigsten und vermeintlich wesentlichen Merkmale ab. Paden nennt bspw. bezogen auf die Idee der Konstruktion religiöser Welten als Kennzeichen religiöser Realität „1. die mythische Sprache und ihre Prototypen; 2. Zeiten des Rituals; 3.die Beschäftigung mit Gottheiten und 4. die Unterscheidung zwischen heiligem und profanem Verhalten" (Paden, 1990:18). Punkt 3 hat sich für die Religionswissenschaft, freilich im Hinblick auf Religionen ohne explizite Gottheiten, als problematisch erwiesen, so dass wir als Quintessenz hieraus folgende Kennzeichen festhalten wollen:

- der religiöse (die Wortherkunft vom lateinischen „religari – zurückbinden" deutet dies bereits an) Aspekt: die Hingabe an einen/mehrere Götter oder transempirische Werte/Mächte. Ausdruck für den Glauben, das Vertrauen
- der ethische Aspekt: das aus der religiösen Hingabe angestrebte und der religiösen Lehre entsprechende ‚richtige' Verhalten

Funktionalistisch definiert Geertz Religion. Er sieht darin ein kulturelles System und einen sozialen Mechanismus, welche die Idealinterpretation und Idealpraxis des Daseins steuern und hervorbringen, indem auf eine oder mehrere transempirische Mächte verwiesen wird (vgl. Geertz in Gilhus/Mikaelsson, 2001). Eine andere, praktische Grobgliederung des Gebietes der Religion liefert die Zweiteilung, die James vornimmt: „Auf der einen Seite steht die institutionelle, auf der anderen Seite die persönliche Religion" (James, 1997:61).

5 Aber kann Sport eine Art ‚Religion' sein?

Die Ähnlichkeiten sind dabei sowohl formaler als auch funktionaler Art: Sowohl Sport als auch Religionen sind generell bedeutsame Elemente der meisten kulturellen Systeme. Dies mag heutzutage ‚banal' und offensichtlich erscheinen, aber es ist noch nicht allzu lange her, dass einem bildungsbürgerlichen Kulturbegriff zufolge dem Sport der Status, Bestandteil von ‚Kultur' zu sein, nicht eingeräumt wurde. Auf der ‚formalen' Ebene sind folgende Gemeinsamkeiten zu verorten: Die Ausübung von Sport wie auch Religion umfasst Rituale und rituelle Handlungen in ähnlicher Weise. Es finden sich besondere ‚Stätten', besondere Kleidung, ‚Festzeiten' und regelmäßig wiederkehrende Feiern, ggf. bestimmte Musik und Gesänge etc. Beide fordern von ihren Anhängern das Befolgen bestimmter Regeln, und beide bieten den ‚gewöhnlichen' Anhängern ‚Heilige' bzw. Idole zur Verehrung.

Eher funktional sind nachstehende Parallelitäten: Beide betrachten idealiter den Menschen als Ganzes mit all seinen Facetten. Einwände hinsichtlich eines kartesianischen Dualismus sind, sowohl bezogen auf die Theologiegeschichte der christlichen Kirchen als auch auf ursprüngliche pädagogische Ansätze in der Leibeserziehung, berechtigt, in der neueren Reflexion jedoch weniger angebracht. Religion und Sport können ‚time-outs' vom Alltag anbieten sowie Anleitung zur persönlichen ‚Verbesserung'. Beide bieten sich an als ‚Arena' für Hingabe, Engagement und intensive, emotionale Erlebnisse. Religion und Sport sind soziale Institutionen, die soziale Normen und Werte vermitteln können und zur Sinnstiftung des Einzelnen beitragen können. Beide engagieren sich in Form ihrer Institutionen am allgemeinen sozialen Leben, auch wenn dies nicht direkt mit der Ausübung ihrer Praxis zu tun hat. Hier sei das vielfältige Engagement von Kirchen und Sportorganisationen für z.B. Immigranten, Behinderte, andere gesellschaftlich Schwächergestellte und Solidaritätsprojekte für ärmere Länder etc. erwähnt. Sowohl Sport als auch Religion wurden/werden als Staatsreligion/Volksreligion bzw. Staatssport/Volkssport ‚genutzt' und aufgefasst, und beide sind zu politischen Zwecken instrumentalisiert und missbraucht worden.

Allen Ähnlichkeiten zum Trotz: Sport ist keine Religion. Als Unterschiede seien hervorgehoben: Religionen decken eine breitere Perspektive des Daseins ab. Sie zielen auf das gesamte Leben, den gesamten Lebenslauf eines Menschen ab und bieten für die ‚Knick- und Wendepunkte', sprich: Lebenskrisen, Interpretations- und Verstehenshilfen. Der Sport zählt als ein Phänomen dieser Welt, wohingegen die Religionen über das Diesseits hinaus transzendieren. Der Sport, insbesondere der Spitzensport, dient in zunehmendem Grad der Unterhaltung der Menschen, ein Ziel, welches die Religionen nicht anstreben. Desweiteren ‚kümmern' sich Religionen auch um die Menschen, welche nicht an sie glauben, und zwar über einen ‚Missionsauftrag' hinaus, wie er vielleicht im weitesten Sinne auch Sportorganisationen unterstellt werden könnte. Zumindest die Weltreligionen beanspruchen für sich, für die gesamte Menschheit Gültigkeit zu besitzen.

Diese Liste ist mitnichten vollständig. Auch finden sich sicherlich einige dieser Punkte sowohl hinsichtlich der Ähnlichkeiten als auch der Unterschiede im Vergleich mit anderen kulturellen Phänomenen (z.B. Musik).

Hervorstechend ist die enorme Bedeutung und Aufmerksamkeit, die beiden Bereichen in der Gesellschaft zuteil wird; man denke nur an die mediale und soziale Präsenz beider Felder.

Doch kommen wir nun zu den Auffassungen der drei ausgewählten Weltreligionen zum Sport:

6 Christentum und Sport

Als erste Religion sei hier das Christentum angesprochen, da dies die Basis der Diskussion darstellt. Dabei handelt es sich um eine monotheistische Religion mit Jesus Christus als der zentralen, namensgebenden Gestalt. Dieser wird als Sohn Gottes angesehen und gleichzeitig als Teil der Dreieinigkeit Gottes. Zentrale ethische Aspekte spiegeln sich in den Zehn Geboten wider sowie dem Gebot der Nächstenliebe, wie es von Jesus vorgelebt wird. Derlei Gesichtspunkte der christlichen Ethik sind wichtig bei der Beurteilung des Sports.

In seinem Verhältnis zum Sport hat das Christentum eine wechselvolle Geschichte durchlaufen, die die Auseinandersetzung mit dem gesellschaftlichen und kulturellen Kontext der jeweiligen Zeit und Gegend widerspiegelt. Deutliche Differenzen treten zutage in der Art der Interpretation der biblischen Texte hinsichtlich der Haltung zum Sport und der damit eng in Zusammenhang stehenden Körperlichkeit, die oft auch mit Sexualität in Verbindung gebracht wird. Die aktuelle christliche Haltung zu Körper, Bewegung und Sport, wie sie sich in der Bibel und der neueren theologischen Literatur darstellt, ist geprägt von einer ganzheitlichen Sicht des Menschen. Dies bestätigen auch jüngst geführte Gespräche mit im und am Sportgeschehen beteiligten und interessierten Theologen. Übereinstimmend mit der alttestamentlichen Auffassung wird der Mensch als eine Einheit von Körper, Seele und Geist gesehen. Auch wenn in früheren Epochen der christlichen Theologie hier an die griechische Philosophie angelehnte dualistische, leibabwertende Interpretationen vorherrschten, wird auch im Neuen Testament der Körper als Teil des ganzheitlichen Verständnisses vom Menschen gesehen. Die Auferstehung der Toten ist ein zentraler Punkt der christlichen Wertschätzung des Körpers. Untermauert wird dies mit einer Rezeption der paulinischen Schriften, welche z.B. im 1. Korintherbrief 15 die Erwartung aller Menschen auf eine leibliche Auferstehung als klares Signal für ein ganzheitliches Menschenbild gemäß den jüdischen und frühchristlichen Traditionen sieht. Damit einher geht auch die Rhetorik vom „Leib Christi", also dem Körper, der als Symbol für die Kirche steht.

Der Mensch ist mit seinem Körper ein Teil der Schöpfung Gottes und steht in Beziehung zu Gott, zu den Mitgeschöpfen und zu sich selbst. Diese Beziehungshaftigkeit ist, neben der ihm gegebenen Freiheit und der in der Gottesebenbildlichkeit begründeten personalen Menschenwürde, ein wesentliches Charakteristikum des Menschseins, auch im Umgang mit seinem Körper. Daher werden körperliche Bewegung und Sport sowohl als Möglichkeit der „Leibsorge", aber auch unter pädagogischen Aspekten als Teil der menschlichen Entwicklung und Ertüchtigung positiv bewertet. Körperliche Bewegung gehört zum Dasein des Menschen dazu und kommt in den Geschichten der Bibel gerade im umherwandernden Jesus immer wieder zum Ausdruck. Betont wird hierbei auch die über den Körper vermittelte Beziehungsfähigkeit zum anderen, zum Mitmenschen. Der Körper und die mit ihm vollzogenen leiblich-seelischen Erlebnisse ermöglichen ein tieferes Mitempfinden und Gemeinschaftserleben. Die soziale Seite von Körper und Bewegung erhält also besondere Bedeutung. Dabei spielt auch die Nächstenliebe als ein zentrales Element christlicher Ethik eine Rolle und zielt auf einen erweiterten Fair-Play-Begriff ab. Unter diesen Aspekten erweist sich dann die Sicht auf den Sport: Dieser wird als positiv bewertet, auch in der Form des nach Leistung strebenden Spitzensportes, solange die Würde des Menschen, sein Eingebundensein in sozial verantwortlich gelebte Beziehungen beachtet wird und sein Verhältnis und Ausgerichtetsein auf Gott im Sinne des christlichen Heilsweges nicht Schaden nimmt. Aspekte wie Freude und Erfüllung, sowohl am eigenen körperlichen Erleben wie auch dem gemeinschaftlichen Miteinander, werden als mögliche positive Faktoren des Sports von evangelischer Seite hervorgehoben.

Dem Menschen ist von Gott Freiheit geschenkt. Aus der ethischen Perspektive sind hier vor allem die äußere Handlungs- und die innere Entscheidungsfreiheit angesprochen (vgl. Leuser, 2002). Daher werden Tendenzen im modernen Sport kritisch beleuchtet, die den Menschen in Abhängigkeiten bringen und ihn unfrei machen. Hierzu gehören nicht nur Doping und grenzenlose Kommerzialisierung, sondern auch menschliche Abhängigkeiten im Verhältnis Trainer – Athlet. Insgesamt wird der Sport als ‚ethisch neutral' gesehen, entscheidend sind die in ihm handelnden Menschen. Vor Entfremdungen des Sports seitens verschiedener Interessengruppen wird gewarnt. Hierzu gehört auch, wenn der Sport zum Religionsersatz hochstilisiert wird und so die an ihm beteiligten Menschen in neue Abhängigkeiten bringt und vom Heilsplan Gottes für den Menschen abhält. „Was nützt es einem Menschen, wenn er die ganze Welt gewinnt, dabei aber sein Leben einbüßt?" (Matthäusevangelium 16,26).

Wichtig ist die ausgewogene Balance in den Relationen: der Relation zu Gott, dem Schöpfer, der Relation zum eigenen Körper, zum Mitmenschen und den Mitgeschöpfen. Ist diese Balance gegeben, ist Sport aus der Sicht vieler christlicher Positionen klar als positives Phänomen menschlicher Lebensgestaltung und Lebensentfaltung zu bewerten. Diese sind vereinbar mit der biblischen Ethik und Anthropologie und lassen den Schluss zu, dass Christentum und Sport sich positiv miteinander verbinden lassen.

Die beiden Kirchen äußern sich konkret bezüglich ihrer Haltung zum Spitzensport in der „Gemeinsamen Erklärung zum Sport" von 1990. Folgende positive Gesichtspunkte werden dabei explizit erwähnt:
- Freude und menschliche Erfüllung
- Auslotung der Grenzen der eigenen Leistungsfähigkeit
- Sozialer Aufstieg
- Vorbildfunktion für junge Sportlerinnen und Sportler
- Unterhaltungswert für die Zuschauer
- Überwindung nationaler Grenzen (EKD 1990,5)

Als Kritikpunkte am Spitzensport werden die nachstehenden Aspekte genannt:
- Sieg und Erfolg um jeden Preis
- Sportlerinnen und Sportler als „Instrument" in der Hand anderer
- Manipulative Eingriffe und Doping
- Schwierigkeiten der Einordnung des Sports in das Lebensganze
- Mangelnde soziale Absicherung (vor allem für diejenigen, die nie ganz an die Spitze kommen)
- Gefahr des sozialen Abstiegs nach dem Ende der ‚Karriere'
- Kommerzialisierung, Politisierung und Nationalisierung (ebd.)

Grundsätzlich negative Haltungen zum Sport aus früheren Zeiten, die vereinzelt in pietistischen und fundamentalistischen Kreisen auch heute noch anklingen, erklären sich aus einem platonisch- dualistischen Körperverständnis und der entsprechenden Rezeption Heiliger Schriften, welche den Körper unterordnet unter Geist und Seele. In seiner Funktion als „Vermittler zur Welt", aufgrund der körperlichen Bedürfnisse auch als „Abhängigkeit zur Welt" bezeichnet, wurde dann meist nur die Vermittlung zur „Sünde", zum ausschweifenden Leben, welches sich womöglich nicht mehr durch kirchliche Kontrolle zügeln ließe, gesehen. Man hatte Bedenken, dass der Sport den Menschen vom Glauben und wohl vor allem von der Kirche abbringen oder auch von der täglichen Arbeit ablenken könnte, indem die Aufmerksamkeit zu stark auf diesen gerichtet wird. Auf dem Hintergrund dieser Vorgeschichte lässt sich auch die heutige offizielle Wertschätzung des erzieherischen, ‚disziplinschulenden' Effektes des Sports seitens der katholischen Kirche nachvollziehen. Ebenso tat man sich in christlichen Kreisen schwer, die intensive Körperlichkeit und das beglückende Körpererleben im Sport mit einer rigiden Sexualmoral zu vereinen. Derartige Positionen sind jedoch im 21. Jahrhundert nicht mehr repräsentativ für die christlichen Kirchen und das Verständnis von Körper, Bewegung und Sport aus der Perspektive des Christentums.

Als „Idealvorstellung" eines Sports, fundiert in der christlichen Ethik, beschreibt der ehemalige Sportbeauftragte der Evangelischen Kirche Deutschlands, Klaus-Peter Weinhold in einem Gespräch:

Es sollte ein Sport sein, der viel authentisches Erleben des eigenen Körpers, den eigenen Begabungen, die man hat und der uns umgebenden Natur, ermöglicht. ... Es sollte ein Sport sein, der die Balance hält zwischen Wettkampf, Anforderung und der Erfahrung, dass man miteinander spielt. Das heißt, dass man nicht um jeden Preis gewinnen muss, dass man diese anderthalb Stunden des Spielens als eigenen Wert begreift. ... Sport [ist] ein wertvolles, wichtiges, lebensfreundliches, gutes Geschenk, dass wir, wie wir Christen sagen, von Gott bekommen haben. (Weinhold im Gespräch 2004)

7 Islam

Generell wird von islamischen Religionsvertretern und in islamischen Stellungnahmen zu Sport und körperlicher Bewegung betont, dass es sich beim Islam um eine dem Körper und seinen Bedürfnissen aufgeschlossene Religion handelt. Der Körper wird gesehen als bewahrungswürdige Gabe Gottes, der Mensch als Geschöpf, dessen geistige und leibliche Gesundheit zu pflegen ist. Vertreten wird eine ganzheitliche Sicht des Menschen, die dem Körper, im Islam auch bezeichnet als das „Reittier der Seele", eine wichtige Bedeutung zumisst. Die rechte Balance, das rechte Maß und die Orientierung an Gottes Geboten als „gesunde" Richtlinie werden pointiert, denn Gott wird als barmherziger Gott verstanden, der seinen Geschöpfen Gutes will. Bewegung gehört daher zum Leben eines Muslims, einer Muslimin dazu und erfährt eine prominente Stellung innerhalb des bewegungsintensiven Pflichtgebetes, wie auch in anderen religiösen Praktiken, z.B. Ritualen während der Pilgerfahrt nach Mekka. Sportliche Aktivitäten, auch Wettkämpfe, sind bereits aus der Anfangszeit dieser Religion, insbesondere von Muḥammad und seinen Gefolgsleuten bekannt. Auch die Betonung von Leistung und Kampf finden sich in den Heiligen Schriften des Islam und lassen sich zurückführen auf die politische Situation, die zur Entstehungszeit herrschte.

Eine nicht den historischen Kontext kritisch mithinzuziehende, fundamentalistische Auslegung findet hierbei Hinweise und Bestätigung auf körperliches Trainieren, um sich für den physischen (Glaubens-) Kampf (Jiihâd) zu stärken (vgl. Ismail, 2001). Eine derartige Interpretation wird jedoch innerhalb der muslimischen Gemeinschaft kontrovers gesehen und von keinem der islamischen Religionsrepräsentanten, die im Rahmen der diesem Beitrag zugrunde liegenden Promotionsstudie konkret zum Sport befragt wurden, geäußert.

Sport und Spitzensport werden generell nicht negativ gesehen, sondern durchaus als wichtig erachtet insbesondere in den verschiedenen Stellungnahmen, Dokumenten und Gesprächen, aber auch in den Aussagen der Schriften. Ein klares Verbot von Sport, eine klare Ablehnung von Aktivitäten, die zwingend zur Ausübung von Spitzensport notwendig sind, lässt sich im Koran nicht finden. Die Problematik eventueller Divergenzen scheint in der Ausgangshaltung zu liegen. So finden sich einerseits muslimische Vertreter, die an der Integration in die westliche Welt des Sports und hier v.a. des Spitzensports interessiert sind, sei es, dass sie sich z.B. als Repräsentanten von Nationalen Olympischen Komitees islamisch geprägter Staaten ‚innerhalb' der ‚Familie' des Internationalen Olympischen Komitees mit seinen entsprechenden Normen und Wertvorstellungen hinsichtlich des Sports befinden oder dass es in z.B. Deutschland lebende Vertreter sind, die somit aufgrund ihres Lebenszusammenhanges in einem europäischen Land auch in die dort befindlichen Sportkulturen einbezogen sind. Auf der anderen Seite finden sich Auffassungen von konservativen islamischen Rechtsgelehrten, vornehmlich aus dem nichteuropäischen Raum, die klar kritisch zum westlich geprägten Spitzensport Stellung beziehen (ebd.).

Das Konfliktpotential liegt offenbar in der soziokulturellen Verankerung und der politischen Dimension sowie der damit einhergehenden Art der Auslegung der islamischen Ethik. Im Kontext des Sports sehen wir dies deutlich bei der unterschiedlichen Gewichtung der Bekleidungsvorschriften je nach Geschlecht. Es scheint kein Problem zu sein, dass männliche Athleten, seien es Fußballspieler, Leichtathleten oder gar Boxer, die Bekleidungsrichtlinien und Verhaltenskodizes zur Seite schieben, ohne dass dies besonderen Zorn oder Ärger in der muslimischen Welt hervorruft, während für die Frauen traditionelle Vorstellungen und religiös begründete Restriktionen vorherrschen. Es finden sich zum Teil widersprechende Haltungen innerhalb des Islam, und dies eben nicht nur, aber auch auf der Ebene des Sports:

Über die Themenkomplexe Demokratie, Menschenrechte (nicht zuletzt die von Frauen) und Säkularismus setzt man sich häufig auseinander. Besonders strittig ist der Komplex des Säkularismus, denn hier prallen unterschiedliche Wertvorstellungen heftig aufeinander: auf der einen Seite der anthropozentrische Wertekatalog, der sich im Westen längst durchgesetzt hat und der sich in der Bejahung menschlicher Autonomie gegenüber religiöser Dominanz, also in einer säkularistischen Haltung, zuspitzt, auf der anderen das Festhalten an der Rolle der Religion als umfassendes Regulativ, auf das viele moderne Muslime Wert legen (Flores, 2005: 620).

Beim Thema ‚Sport und Islam' hat man es in gewisser Hinsicht mit einer Verflechtung von Sport, Religion und Politik zu tun, eine Verflechtung, die durchaus auch in anderen Kulturfeldern (wie Kunst und Musik) Bedeutung haben mag, die aber ganz besonders in dem weltweit expandierenden Spitzensport, insbesondere mit seinem enormen finanziellen Potential, zutage tritt. Die im Jahre 2005 zum ersten Mal stattgefundenen „Islamic Solidarity Games" sprechen hier eine deutliche Sprache. Die enge Verknüpfung von Sport, Religion und Politik kommt zum Ausdruck, wenn bei Eröffnungs- und Abschlussfeier offiziell Gebete verrichtet werden und als ein Hauptanliegen dieser Spiele konkret die Stärkung des Zusammenhaltes der daran beteiligten, als „islamische Staaten" bezeichneten Länder.

Die am und im Sport engagierten und interessierten Vertreter des Islam unterstreichen die Bedeutung des Sports, insbesondere des internationalen Spitzensports, als Arena der interreligiösen Begegnung. Islamisch geprägte Länder suchen die Annäherung bei gleichzeitiger Wahrung von Selbstachtung und Identität. Das heißt, die Ausübung des Sports sollte konform zu den ethischen Grundwerten des Islam sein. Hingewiesen wird dabei von einem der Gesprächspartner, dem türkischen Islamwissenschaftler Alboga (Gespräch 2004) auf prinzipielle Ähnlichkeiten islamischer Wertideale wie Frieden, gegenseitiges Verständnis, Respekt, Fairness, Zielstrebigkeit und Hilfsbereitschaft mit den Werten des Sports.

Aber wie sieht es nun auf der Ebene des einzelnen muslimischen Athleten bzw. der muslimischen Athletin aus, die ja letztlich für ihr Handeln verantwortlich sind? Hier erstreckt sich das Spannungsfeld von der „Freiheit von Zwang in der Religion" (vgl. Koran-Sure 2) und dem Gebrauch des Verstandes bis zu einem strikten Befolgen von Vorschriften, die oftmals von Gelehrten explizit ausgelegt wurden (vgl. Al-Qaradawi, 1998), wobei sowohl die Extrempositionen als auch die Auffassungen, die auf dem Kontinuum zwischen diesen Außenpunkten liegen, von ihren Verfechtern als im Koran bzw. in den Hadithen begründet gesehen werden. Dass hier nicht nur die kulturelle, die politische Verankerung, sondern auch die jeweilige persönliche Disposition eine wichtige Rolle spielt, ist zu vermuten. Wichtig auch hier wieder: Besteht die Möglichkeit, am Sport und Spitzensport teilzunehmen, ohne dabei ethische Grundprinzipien des Islam ihrem jeweiligen Verständnis gemäß verletzen zu müssen? Selbst von einer liberalen Muslimin wird das Recht für ihre Glaubensschwestern eingefordert, die Koranverse bezüglich der Bekleidung von Frauen nach deren eigener Glaubensauffassung zu deuten. D.h., wenn diese für sich klar in Sure 24 eine Aufforderung sehen, nicht „halbnackt" Sport zu treiben, sollte auch dies möglich sein, wenn dies die sportliche Aktivität nicht ver-/behindert. Volleyball kann man auch mit mehr als nur einem knappen Bikini spielen, ohne dass der Sinn und das Ziel dieses Sports zerstört werden. Die Freiheit der Entscheidung sollte beidseitig sein. Letztlich geht es, so die befragten muslimischen Informanten, auch für die Muslime in erster Linie um ihr eigenes Verhältnis zu Gott, welches respektiert werden soll.

8 Buddhismus

Insgesamt werden im Buddhismus Körper – Geist – Seele ganzheitlich, als sich gegenseitig bedingend, betrachtet, d.h. diese stehen in ganzheitlicher Wechselbeziehung, sind jedoch nicht „eins". Der Körper als Existenzform manifestiert sich aus dem Bewusstsein. Dabei sind subjektive Empfindungen und die Art des körperlichen Erlebens durch dieses gesteuert.

[E]in bestimmtes Objekt, Lebewesen oder Ereignis [kann] bei unterschiedlichen Menschen unterschiedliche Körperempfindungen auslösen ... – je nach deren subjektiven Vorprägungen oder Haltungen. Dies bedeutet: Nicht die äußeren Dinge sind in Wirklichkeit „begehrenswert", „nichtssagend" oder „abstoßend", wie es gewöhnlich erscheint, sondern die im Körper durch die äußeren Dinge ausgelösten subjektiven Empfindungen (Gruber, 2001:49).

Das Dasein und die Daseinsfaktoren sind in konstanter Bewegung. Somit erhalten gerade Bewegung und Bewegungskultur eine besondere Gewichtung im religiösen Erleben. Der Körper soll einerseits durch physisches Training gepflegt und gestärkt werden, um eine gute Meditationspraxis, aber auch ein gutes Karma zu bewirken, sowie traditionell in früherer Zeit auch, um einen kampfbereiten Körper zu haben, der sich verteidigen kann.

Andererseits finden sich, gerade in Verbindung mit dem Zen-Buddhismus, Bewegungs- und Körpertechniken, die als „Weg" = „Do" zu einer religiösen Erlösungs- bzw. Erleuchtungserfahrung führen können oder zumindest Aspekte hierzu verstärken sollen: Körpertraining gesehen also als „Weg zu Nirvana/Satori". So kann die Schulung der Aufmerksamkeit, die Konzentration auf das ‚Hier und Jetzt' und die Sammlung von Körper, Seele und Geist als Beispiel genannt werden. Diese Art von Training oder Übung findet sich insbesondere in den Kampfkünsten, die über den Kontakt mit der westlichen Welt nach und nach eine Versportlichung und somit mitunter auch eine Art ‚Entleerung' ihrer religiös-philosophischen Inhalte erfahren haben. Man braucht kein Buddhist zu sein, um Karate oder Kyudo/Bogenschießen zu betreiben; die in buddhistischen Kampfkünsten vorhandenen Meditationen finden im Kampfsport so nicht mehr statt. Auf höchstem sportlichem Niveau, wie bspw. den Olympischen Spielen, ist der Gedanke, dass diese Sportart einen „Weg" („do") zum Erreichen von Nirvana bzw. Satori darstellen könnte, wohl eher abwesend. Der Repräsentant für den Buddhismus im religiösen Zentrum des Olympischen Dorfes bei den Olympischen Spielen 2004, Michael Fuchs, war deutlich in seinem Urteil und bemerkte, dass olympisches Judo und Wettkampfkarate kein Budo, sondern Sport geworden sind und wies z.B. auf das Punktezählsystem hin, nach welchem im Karatesport über Sieg und Niederlage entschieden werde. Tiwald (1981) hält eine gewisse Nähe der Kampfsportarten zum Zen-Buddhismus jedoch über die psychologische Ebene aufrecht und beschreibt dieses Verhältnis in seinem 1981 erschienenen Werk *Psychotraining im Kampf- und Budo-Sport. Zur theoretischen Grundlegung des Kampfsports aus der Sicht einer auf dem Zen-Buddhismus basierenden Bewegungs- und Trainingstheorie*.

Für die Betrachtung des internationalen Sports ergeben sich folgende zusammenfassende Überlegungen: Gier als Hauptursache des Leidens, welches es zu überwinden gilt, spielt selbstredend im Sport wie in anderen Gesellschaftsbereichen als Triebkraft zum Handeln eine Rolle. So sind denn auch die Hauptprobleme, die der Buddhismus generell mit dem Sport, vor allem dem Spitzensport hat, in der Gier, dem Streben nach dem Sieg um jeden

Preis zu sehen. Kooperation und Konkurrenz werden fälschlicherweise als Gegensätze angesehen, wobei das Konkurrenzdenken vorherrschend ist. Als „optimalen Sport" aus der Sicht der buddhistischen Ethik nennt Fuchs folgende Merkmale, die den „Zehn positiven Handlungen" des Buddhismus entsprechen und für ihn durchaus mit dem Begriff „Fair-Play" subsummierbar sind.

Wertschätzung der eigenen Person, der Gesundheit und die des Anderen. Es darf nicht gelogen werden, und du musst die Vereinbarungen einhalten, die Regeln halten; auch auf der Körperebene. Auf der Sprachebene nicht schlecht übereinander reden, Wertschätzung der Konkurrenz auch im sprachlichen Bereich. Leute zusammenbringen, freundlich miteinander reden, sich nicht gegenseitig anschreien, sinnvoll reden. Auf der mentalen Ebene vor allem Wertschätzen des eigenen und des anderen Potentials. Keinen Neid entwickeln und keinen Widerwillen entwickeln. Also wirklich mit schweren Situationen umgehen und freundlich dabei bleiben. ... die buddhistischen Prinzipien und Fair-Play sind sehr ähnlich (Fuchs im Gespräch 2005).

Fuchs empfiehlt Athleten, ihr eigenes und das Talent des Anderen wertzuschätzen und durch diese Einstellung auch für sich selbst das Optimale zu erreichen. Letztlich sollte für einen Buddhisten klar sein: All unser irdisches Leben, auch der Sport, „ist nur ein Traum" und sollte „nicht so ernst" genommen werden (ebd.). Dann erübrigt sich auch das andere Problem, nämlich zu sehr im Konkurrenzdenken gefangen zu sein.

Hervorzuheben ist, dass es zwar die für alle Richtungen und Schulen gültige Grundlehre gibt, sich daraus aber sehr unterschiedliche buddhistische Kulturen mit ihren Interpretationen und Sitten entwickelt haben. Generell lässt sich die Lehre Buddhas, die als Lebensempfehlung anzusehen ist, auf die unterschiedlichsten Kulturen anwenden. Es lassen sich keine ausdrücklichen Probleme erkennen, Sport und Buddhismus miteinander zu verbinden.

Alle drei Religionen betrachten Sport grob gesagt also als Medium, um Körper und Seele zu pflegen und wertzuschätzen. Auch der internationale Spitzensport wird respektiert, so lange dieser nicht den eigenen moralischen Auffassungen widerspricht. Während das Christentum eher als ‚Partner des Sports' bedingt durch seine klare Ausrichtung am Konzept der Nächstenliebe sowie der gemeinsamen Geschichte in Europa, einzuordnen ist, wird der Sport im Islam eher als ein Teil des religiösen Lebens gesehen, denn eine Trennung in verschiedene Lebensbereiche ist im Islam, der sich auf das gesamte Dasein mit all seinen Facetten bezieht, nicht üblich. Im Buddhismus ist der Sport kein ausdrückliches Thema, mit dem sich aufgrund ethischer Divergenzen beschäftigt werden müsste.

9 Die Impulse zur ethischen Reflexion

Die eingangs erwähnte Situation des internationalen Spitzensportes in der einer zunehmend globalisierten Welt macht es interessant, nach ethischen Impulsen unterschiedlicher Provenienz zu fragen. Gerade auch die Weltreligionen können hier mit Gedankenanstößen zum Diskurs beitragen. Der frühere Präsident des Nationalen Olympischen Komitees, Walther Tröger betont dies, wenn er sagt: „der olympische Sport lebte nie allein aus seinem eigenen Wertebewußtsein oder einem ethisch verklärten ‚elan vital'. Seine moralischen Grundkategorien benötigten immer wieder die legitimierende Bekräftigung durch Wissenschaft und Religion." (Tröger in Grupe/Mieth, 1998: o.S.)

Alle drei erwähnten Religionen artikulieren ihre Bedenken hinsichtlich verschiedener ethischer Herausforderungen des Spitzensports. Von christlicher Seite sieht man vor allem den Aspekt der Menschenwürde und der freien Entscheidung sowie der Unabhängigkeit des einzelnen am Sportgeschehen Involvierten durch zunehmende Vermarktung und damit einhergehende Medieninteressen und Doping gefährdet. Auch für die islamischen Vertreter ist die Unversehrtheit des Menschen als einer „schönen Schöpfung" wichtig, besonders zentral stehen hier vor allem moralische Bedenken, wenn es um das Miteinander der Geschlechter im Sport geht, sei es als Zuschauer oder als ‚zur-Schau-gestellte' Athletin. Für buddhistische Vertreter liegt ein Dilemma in einer erneuten Anhaftung und Gier nach Sieg und Geld, welche zu erneutem „Leiden" und Unzufriedenheit führt. Doping, welches von allen dreien abgelehnt wird, sieht ein buddhistischer Vertreter als Missverständnis von Konkurrenz und Kooperation. Fair-Play wird als zentral wichtiges Konzept für die Ethik des Sports von allen hervorgehoben. Interessant wäre sicherlich, dies genauer zu beleuchten.

Wenn der Sport als Arena der Begegnung seine weltanschauliche Neutralität und sein Bestreben, universelle ethische Prinzipien zu vertreten, im Zeitalter von Globalisierung und sportinternen ethischen Herausforderungen aufrecht erhalten möchte, scheint es angebracht, Impulse auch seitens verschiedener Religionen zu einem interreligiösen Ethikdiskurs zum Sport zuzulassen.

10 Ein Ausblick

Das Forschungsfeld ‚Sport und Religion' ist noch jung, dynamisch und stetig am Wachsen. Viele Fragen sind noch offen, und neue stellen sich im Laufe weiterer Forschung. Die Notwendigkeit, auf diesem Gebiet interdisziplinär weiter zu arbeiten und Perspektiven zu erweitern, dürfte jedoch angesichts der Situation des internationalen, globalisierten Sports außer Zweifel sein.

11 Literatur

Al-Qaradawi, J.: Erlaubtes und Verbotenes im Islam. München: SKD-Bavaria 1998
Brück, M.v./Lai, W.: Buddhismus und Christentum. München: Beck 2000
Cooper, A.: Playing in the Zone. Exploring the Spiritual Dimensions of Sports. London&Boston/MS: Shambala 1998
Court, J.: Kritik ethischer Modelle des Leistungssports.Köln: Bundesinstitut für Sportwissenschaft/Sport und Buch Strauß 1995
Cupitt, D.: Nach Gott. Die Zukunft der Religionen. Stuttgart: Klett-Cotta 2001
Dahl, D.: Zum Verständnis von Körper, Bewegung und Sport in Christentum, Islam und Buddhismus – Impulse zum interreligiösen Ethikdiskurs zum Spitzensport. Dissertation; Oslo 2008
Deshimaru-Rōshi, T.: Zen in den Kampfkünsten Japans. Heidelberg: Kristkeitz 1994[3]
Evangelische Kirche in Deutschland (Hrsg.): Gott ist ein Freund des Lebens. Hannover 1991 (www.ekd.de/EKD-Texte/2064_gottistfreund_1989_freund4.html)
Evangelische Kirche in Deutschland (Hrsg.): Sport und christliches Ethos. Gemeinsame Erklärung der Kirchen zum Sport. Hannover 1990
Figl, J.(Hrsg.): Handbuch Religionswissenschaft.Göttingen: Vandenhoeck & Ruprecht 2003
Flores, A.: Die innerislamische Diskussion zu Säkularismus, Demokratie und Menschenrechte. In: Ende, W./Steinbach, U. (Hrsg.): Der Islam in der Gegenwart. München: Beck 2005[5], 620–634
Gilhus, I.S./Mikaelsson, L.: Nytt blikk på religion. Studiet av religion idag. oslo: Pax 2001
Grupe, O./Huber, W. (Hrsg.): Zwischen Kirchturm und Arena – Evangelische Kirche und Sport. Stuttgart: Kreuz 2000
Grupe, O./Mieth, D. (Hrsg.): Lexikon der Ethik im Sport. Schorndorf: Hofmann 1998
Güldenpfennig, S.: Sport: Kritik und Eigensinn. Der Sport der Gesellschaft. Sankt Augustin: Academia 2000
Harvey, P.: An Introduction to Buddhist Ethics. Cambridge: University Press 2000
Herrigel, E.: ZEN in der Kunst des Bogenschießens/Der ZEN-Weg. Frankfurt a.M.: Fischer 2005
Hoffman, S.J.(ed.): Sport and Religion. Champaign, III: Human Kinetics 1992
Ismail, H.A.: Islam and Sport. New Delhi: Islamic Book Service 2001 sowie auf: http://www.islamsa.org.za/library/books/Islam_and_Sport/islam_and_sport.htm; aktualisiert 17.10.07
Jacobi, P./Rösch, H.-E. (Hrsg.): Sport und Religion. Chistliche Perspektiven im Sport. Mainz: Matthias-Grünewald-Verlag 1986

James, W.: Die Vielfalt religiöser Erfahrung. Eine Studie über die menschliche Natur. Frankfurt a.M.: Insel 1997

Klöcker, M./Tworuschka, U. (Hgg.): Ethik der Weltreligionen. Darmstadt: Wissenschaftliche Buchgesellschaft 2005

Krüger, M. (Hrsg.): Olympische Spiele – Bilanz und Perspektiven im 21. Jahrhundert. Münster: Lit 2001

Küng, H.: Der Islam – Geschichte – Gegenwart – Zukunft. München: Piper 2004

Küng, H.: Das Christentum. Die religiöse Situation der Zeit. München/Zürich: Piper 2005³

Leuser, C.: Christliche Ethik. Freising: Stark 2002

McGuire, M.B.: Religion – The Social Context. Belmont, CA: Wadsworth 2002.

Meinberg, E.: Die Moral im Sport. Bausteine eine neuen Sportethik. Aachen: Meyer und Meyer 1991

Moegling, K.: Zen im Sport. Haldenwang: Edition Schangrila 1987

Paden, W.E.: Am Anfang war Religion. Die Einheit in der Vielfalt. Gütersloh: Gütersloher Verlagshaus Gerd Mohn 1990

Prebish, C.S.: Religion and Sport. The Meeting of Sacred and Profane. London: Greenwood, 1993

Scherer, B.: Buddhismus. Alles, was man wissen muss. Gütersloh: Gütersloher Verlagshaus 2005

Spitzer, G.: Baron Pierre de Coubertins Konzept der Religion der Athleten und die Rezeption in Kirche und Sport. In: Ulrichs, H.-G./Engelhardt, T./Treutlein, G. (Hrsg.): Körper, Sport und Religion – Interdisziplinäre Beiträge. Idstein: Schulz-Kirchner 2003, 67–82

Sternberg, T.: Sport mit Leib und Seele. Bestandsaufnahme und Perspektiven evangelischer Sportarbeit. Stuttgart: Burg 1993

Stevens, J.: Budo Secrets. Teaching of the Martial Arts Masters. Boston/London: Shambala 2002

Tiwald, H.: Psycho-Training im Kampf- und Budo-Sport. Zur theoretischen Grundlegung des Kampfsports aus der Sicht einer auf dem Zen-Buddhismus basierenden Bewegungs- und Trainingstheorie. Hamburg: Czwalina 1981

http://con-spiration.de/koch/sport/ersatz.html; aktualisiert 26.6.07

http://www.islamsa.org.za/library/books/Islam_and_Sport/islam_and_sport.htm; aktualisiert 26.6.07

http://www.sukhi.com; aktualisiert 26.6.07

http://www.zen-kampfkunst.org ; aktualisiert 16.8.07

Der Wald der Krieger. Religiöse Grundlagen der ostasiatischen Kampfkünste

Reinhard Zöllner

Der Oberbegriff der ostasiatischen Kampfkünste besteht aus zwei chinesischen Schriftzeichen, die auf chinesisch *Wushu* und auf japanisch *Bujutsu* gelesen werden und „Krieger(isch)" und „Kunst, Technik" bedeuten.[1] Obwohl die Bezeichnung in beiden Sprachen also eigentlich identisch ist, sind die damit bezeichneten Phänomene in beiden Kulturen in einigen grundlegenden Aspekten völlig unterschiedlich. In diesem Aufsatz werde ich besonders diejenigen Gemeinsamkeiten und Differenzen aufgreifen, die sich auf weltanschaulich-religiöse Ursachen zurückführen lassen.

1 Der „edle Ritter" als Kult(ur)figur

Der Begriff „Krieger" *(wu)* bezieht sich in der chinesischen Kultur auf Männer aus den Unterschichten (oder jedenfalls nicht aus der herrschenden Elite), die sich aus privaten Motiven der professionellen Beschäftigung mit Kampfkünsten verschrieben. Es handelte sich also erstens nicht um reguläre Soldaten der Obrigkeit mit regulärer militärischer Ausbildung (natürlich auf dem jeweils geltenden Stand der Technik) und geregeltem Sold und zweitens auch nicht um Menschen, deren Handeln sich direkt aus der jeweiligen Herrschaftsideologie bestimmte. Anders gesagt: Für ihr Training und ihre Bewaffnung waren sie selbst verantwortlich; sie bestritten ihren Lebensunterhalt mit ihrer Kampfkunst und wählten sich daher ihre Auftraggeber unter ökonomischen Gesichtspunkten; und sie waren auf allen politischen Lagern ihrer Zeit – für oder gegen die Herrschenden – zu finden. Ihren weltanschaulich-religiösen Hintergrund konnten sie mithin frei bestimmen, sofern dieser sie nicht an einer effektiven Ausübung ihrer martialischen Profession hinderte. Hat man diese Rahmenbedingungen verstanden, erklärt sich die hohe Bedeutung, die Autonomie im gesamten Wushu-System einnimmt, von selbst.

---

[1] Andere in China gebräuchliche Oberbegriffe sind Kungfu (Gungfu; wörtlich „in langer Anstrengung erworbene Fertigkeiten"), Wugung („lange Anstrengung im Kampf") und Wuyi (auch in Japan, dort Bugei gelesen; wörtlich „Kampfkunst").

Das Ideal des autonomen Kriegers kristallisiert sich in der Figur des wandernden „edlen Ritters" *(shia)*. In der volkstümlichen Überlieferung ist dieser ein unbestechlicher und unermüdlicher Helfer der Schwachen und Unterdrückten, der wegen seines Eintretens für Gerechtigkeit häufig in Konflikt mit der Obrigkeit gerät und geradezu zwangsläufig seinen Wohnort häufig wechselt[2] – um das Böse zu bekämpfen bzw. um eigener Verfolgung zu entgehen.

Den Mythos solcher Helden (denn als solche werden sie betrachtet) greift die im 20. Jahrhundert zu großer Popularität gelangte Wushia-Literatur auf, die schließlich zum Vorbild eines ganzen Film-Genres wird.[3] Ihre großen Vorläufer sind allerdings bedeutend älter. Eine Saga des 14. Jahrhunderts berichtet von 36 *shia*, die sich in der Umgebung des Liangshanpuo-Moores in der Provinz Shandung gegen die barbarischen Invasoren erhoben hätten. Aus dieser Überlieferung entstand im 15. Jahrhundert das Shueihujuân („Überlieferungen aus dem Wasserland"), das die Zahl der Helden allerdings von drei auf neun Dutzend, also 108, vermehrte und zu allen detaillierte und kunstvoll miteinander verwobene Geschichten über ihre (ursprünglich oftmals unfreiwillige) Karriere als Krieger und Kämpfer für Gerechtigkeit erzählte.[4] Das in der Ming-Zeit entstandene Shueihujuân wurde zu einem Klassiker der Belletristik und erfreut sich bis heute großer Beliebtheit weit über China hinaus; es wurde häufig nachgeahmt (auch parodiert) und verfilmt.[5] Die Zahl 108 hat in der Geschichte kosmologische Bedeutung: Sie steht für drei Dutzend mit der kämpferischen Energie „des Himmels" ver-

---

[2] Dieses Vagabundieren macht den *shia* vergleichbar mit dem „vagabundierenden Buddha" Ji Gung (eigentlich Daoji, 1130–1207), der, aus seinem buddhistischen Kloster verstoßen, umherwanderte und der Legende nach mit seinen magischen Fähigkeiten Menschen aus Not errettete. Seit seinem Tod wird er als Arhat, Bodhisattva oder daoistische Gottheit verehrt.

[3] Zum Folgenden grundlegend Thomas Schmidt-Herzog: Fakt und Fiktion in der chinesischen Kampfkunst. Untersuchung von Fakt und Fiktion in der chinesischen Kampfkunst anhand eines Vergleichs von kontemporärer Kampfkunstpraxis in China mit ihrer Darstellung in den Romanen des Hongkonger Autoren Jin Yong. Magisterarbeit, Universität Heidelberg, 2003.

[4] Vgl. Klaus Mühlhahn: „Herrschaft, Macht und Gewalt: Die Welt des Shuihu Zhuan". In: Minima Sinica 1 (1992), S. 57–90; ders.: „Ritter, Räuber, Helden? Bilder und Ansichten von Männlichkeit im Shuihu Zhuan". In: Das Neue China 1 (1992), S. 13–15.

[5] In Deutschland wurde es originellerweise populär durch die Ausstrahlung einer japanischen Fernsehserie, die 1973–1974 produziert wurde. Die Synchronisation läßt den japanischen Ursprung stellenweise deutlich erkennen. Gedreht wurde übrigens ausschließlich in Japan; als chinesischer Kaiserpalast diente das Yushima Seidô, die letzte verbliebene konfuzianische Akademie in Japan, deren Gebäude einigermaßen chinesisch aussehen. Die Handlung der Serie weicht an vielen Stellen von der literarischen Vorlage ab.

bundene und sechs Dutzend mit der mörderischen Energie „der Erde" verbundene Himmelskörper. Im Buddhismus bezeichnet die Zahl zudem die Begierden, die den Menschen vom Erlangen der Weisheit abhalten.

Der Buddhismus bestimmt die Rahmenhandlung eines weiteres Romans der Ming-Zeit, die „Reise nach dem Westen" (Shiyouji), der ebenso prägend für das Bild vom edlen Krieger wurde. Hier erhält ein Mönch vom chinesischen Kaiser den Auftrag, aus Indien eine heilige, magische Schrift herbeizubringen. Ihm gelingt dies nur mit der Hilfe treuer und kampferprobter Begleiter, deren wichtigster der Affenkönig Sun Wugung ist.[6] So ambivalent der Affe auch auftritt – er muß zunächst von Buddha persönlich gebändigt werden, weil er mit seiner überbordenden Energie zuvor nur Schaden und Zerstörung angerichtet hatte –, so beeindruckend und unwiderstehlich ist auch sein Talent zum Kämpfen und zum Erlernen neuer Kampftechniken. Die späteren Wushia-Werke greifen diese Motive in immer neuen Variationen auf.

Bei aller Popularität fiel die Wushia-Literatur zwangsläufig für lange Zeit der Zensur der Volksrepublik China zum Opfer. Die autonome Ritterlichkeit der *shia* wird als feudalistisch verurteilt, ihre tendenzielle Opposition zur jeweils herrschenden Macht als subversiv und politisch unzuverlässig. Das Verbot galt allerdings weder in Hongkong noch in Taiwan, so daß von einem Untergang des Genres nicht die Rede sein kann (ganz abgesehen davon, daß es auch in Japan, Korea und Vietnam in den jeweiligen Landessprachen adaptiert wurde). Im Gegenteil: Die Filmindustrie trägt zu seiner Weiterentwicklung entscheidend bei.

Das geradezu idealtypische Gesicht des *shia* verkörperte dabei der Schauspieler Bruce Lee (chinesischer Künstlername Li Shiaolung, eigentlich Lei Jânfan, 1940–1973).[7] Ganz zweifellos gehören die Werke, an denen er mitwirkte, zum Genre des Unterhaltungsfilms. Aber auch spätere, von der internationalen Filmkritik als überaus seriös geschätzte Kunstwerke der chinesischstämmigen Regisseure Ang Lee (Li An, geb. 1954; v.a. 2000: „Crouching Tiger, Hidden Dragon"), Zhang Yimo (Jâng Yimuo; v.a. 2002: „He-

---

[6] Auch diese Geschichte ist mittlerweile in Deutschland und weltweit durch japanische Vermittlung populär geworden, nämlich durch die Manga- und Anime-Serie „Dragon Ball". Der Name ihres Helden, Son Gokû, ist lediglich die japanische Aussprache von Sun Wugung. Allerdings hat die Handlung von Dragon Ball nichts mehr mit der ursprünglichen „Reise nach dem Westen" zu tun. Vor allem das Motiv der Suche nach buddhistischer Weisheit spielt hier überhaupt keine Rolle.

[7] Der mütterlicherseits übrigens auch deutsches Blut in sich trug.

ro"; 2004: „House of Flying Daggers") und Chen Kaige (1998: „The Emperor and the Assassin") beziehen ihre Motive und Effekte aus der langen Tradition des Wushia.
Die Wushia-typische Eigenschaften der Heroen sind dabei die folgenden:
1. Sie kämpfen nach den Regeln des Kungfu; insbesondere wechseln dabei Sequenzen von Angriff und Reaktion ab.
2. Sie beherrschen Angriffe auf vitale Körperstellen (wie sie in der chinesischen Akupunktur definiert werden).
3. Sie meistern konventionelle und unkonventionelle Waffen (darunter auch improvisierte wie Haarnadeln, Eßstäbchen, Musikinstrumente) perfekt.
4. Sie können die Schwerkraft überwinden – bis hin zum Fliegen. Diese Fähigkeit (genannt chinggung, „leichte Kraft") verbindet die Krieger mit den daoistischen Asketen (shiän).
5. Sie setzen im Kampf, aber auch zur Heilung von Wunden und Krankheiten übernatürliche innere Kräfte (neili) ein.
6. Sie erwerben alle diese Fähigkeiten in hartem, diszipliniertem, langwierigem und (pseudo-) religiösem Üben, das zumeist fernab der „normalen" menschlichen Gesellschaft – in Klöstern oder Einöden wie Flußlandschaften, Bergen und Wäldern[8] – stattfindet.

Auf westliche Augen wirken Schauspieler, die wie in diesen Filmen senkrechte Wände hinauflaufen, vom Erdboden auf Hausdächer springen, tagelange Verfolgungsjagden ohne Schlaf und Ermüdung durchstehen, gegen zehn Gegner gleichzeitig siegreich kämpfen, den bösen Kaiser stürzen oder den guten retten helfen, unverbrüchliche Männerfreundschaften schließen und leidenschaftliche (wenngleich meist brüchige) Liebschaften eingehen und dabei stets gelassen bleiben, möglicherweise bizarr und unrealistisch. In den Augen des ostasiatischen Publikums erfüllen sie aber gerade hierdurch die Anforderung, die an Helden des Wushia gestellt werden. Im Grunde handelt es sich um James Bond minus die westliche Technik plus östliche Philosophie und Religion.

Denn während James Bond seine Überlegenheit aus einem religionsfernen Technikglauben bezieht – Höhepunkt seiner Erlebnisse ist ja stets der überraschende Einsatz neu entwickelter Waffen und Geräte –, rührt die Kraft der

---

[8] Die stereotypen Wendungen zur Beschreibung des Lebensraumes der *shia* lauten daher chinesisch *jianghu*, „Flüsse und Seen", und jiangshan, „Flüsse und Berge" (Schmidt-Herzog 2003: 17–20).

technisch ausgesprochen altmodischen Wushia-Helden aus einem unerschütterlichen Glauben an historisch bewährte, magische Lehren und Weisheit. Überlegenheit nach dem neuesten Stand der Technik führt in diesen Werken gerade nicht zum Erfolg; vielmehr geht es darum, deren notwendiges Scheitern am Widerstand der zeitlosen Werte zu demonstrieren, die von den *shia* verkörpert werden. Spannung kommt in diesem Kampf eigentlich nur dann auf, wenn dem ‚guten' Krieger, dessen Können sich auf ehrliche, positive Weisheit gründet, ein „schlechter" gegenübertritt, der vom rechten Glauben abgefallen ist und seine Fähigkeiten in den Dienst des Bösen stellt. Das Böse ist sehr oft das Fremde: eine neue Dynastie (wie die Manju mit ihren Reiterheeren), eine ausländische Macht (wie die Japaner mit ihren Panzern und Flugzeugen), eine fremde Lehre (wie das Christentum mit seinen Missionaren). Wushia eignet sich daher sehr gut zur Konstruktion eines manichäischen Weltbildes und läßt sich auch einfach mit ethnozentrischen (patriotischen oder xenophoben) Elementen verbinden. Auch Versuche, das literarische Wushia-Konzept in die Wirklichkeit umzusetzen, hat es durchaus gegeben;[9] der bekannteste dürfte der Boxer-Aufstand sein, also jenes Ereignis der Jahre um 1900, als die Anhänger einer daoistischen Kampfkunstlehre sich gegen die imperialistischen Mächte erhoben und ihre Körper dabei gleichzeitig durch Magie gegen westliche Gewehrkugeln geschützt wähnten.[10] In ihrer Propaganda heißt es: „Die Götter kommen aus ihren Höhlen, die Unsterblichen steigen von den Bergen herab; sie ergreifen von menschlichen Körpern Besitz und benutzen sie als Faustkämpfer."[11]

Neben den „Boxern" traten in der chinesischen Geschichte wiederholt Gruppen auf, die sich zur buddhistischen Lehre des „Weißen Lotos" bekann-

---

[9] Man mag nicht so recht entscheiden wollen, ob die literarische Fiktion der sozialen Praxis hier vorangeht oder umgekehrt. Jedenfalls hängt die Popularität des Wushia mit der Tradition praktischer Gewalt zusammen, die in der chinesischen Kultur verwurzelt ist. Hierzu vgl. Thilo Diefenbach: Kontexte der Gewalt in moderner chinesischer Literatur. Wiesbaden 2004; Jonathan N. Lipman, Stevan Harrell (Hg.): Violence in China: Essays in Culture and Counterculture. Albany 1990; Harriet T. Zurndorfer: „Violence and Political Protest in Ming and Qing China". In: International Review of Social History XXVII (1983), S. 304–319; Barend J. Ter Haar: „Rethinking ‚Violence' in Chinese Culture". In: Göran Aijmer, Jos Abbink (Hg.): Meanings of Violence: a Cross Cultural Perspective. Oxford 2000, S. 123–140; Mark Edward Lewis: Sanctioned Violence in Early China. Albany 1990.

[10] Vgl. Thoralf Klein: „Der Boxeraufstand als interkultureller Konflikt: zur Relevanz eines Deutungsmusters". In: Susanne Kuß, Bernd Martin (Hg.): Das Deutsche Reich und der Boxeraufstand. München 2002, S. 35–58.

[11] Ebd. 44.

ten und auf ähnliche Weise agierten.[12] Mit ihrer Hilfe gelangte 1368 Jû Yüänjâng auf den Kaiserthron und gründete die Ming-Dynastie (bald darauf unterdrückte er den „Weißen Lotos" allerdings). Wie in diesem Fall speisen sich Wushia und, allgemein gesprochen, ostasiatischer Kampfsport aus buddhistischen und daoistischen Quellen.

2 Buddhistische Quellen und die „äußere Schule"

Der „Weiße Lotos", dessen Anhängern auch die Kampfkünste zur Übung empfohlen wurden, wird als synkretistisch bezeichnet, weil er neben daoistischen und manichäischen Elementen auch verschiedene Richtungen des Buddhismus zu vereinen versuchte. Im Mittelpunkt stehen zwei konzeptionell völlig verschiedene, aber überaus populäre Emanationen Buddhas, nämlich Amithâba und Maitreya. Amithâba hat der Legende nach gelobt, Menschen, die ihn in ihrer Sterbestunde anrufen, vor der Verdammnis zu bewahren und in sein Westliches Paradies zu geleiten. Maitreya dagegen ist der „zukünftige Buddha", der am Ende der Zeiten kommen wird, um seine Anhänger zu retten und in seinen Himmel zu führen. Nach konventioneller Datierung hat diese Endzeit schon längst begonnen; sie wird begleitet von einem immer heftiger und schneller werdenden Umschlag aller Verhältnisse, der sogenannten Welterneuerung. Ein drittes buddhistisches Element trat hinzu, das der Esoterik der Tiäntai-Schule. Das 496 gegründete Shaolin-Kloster wiederum gehört der Zen-Sekte an.

An der aktiven Beteiligung verschiedener populärer buddhistischer Richtungen an der Entwicklung und Verbreitung der chinesischen Kampfkünste läßt sich bereits ablesen, daß nach Auffassung jedenfalls des ostasiatischen Buddhismus Gewaltfreiheit nicht um jeden Preis den Weg zum guten Leben darstellen muß.[13] Stephan Feuchtwang vertritt sogar die These, daß die Welt der Gewalt und der Kampfkünste in der chinesischen Volksreligion einen Kosmos eigenen Rechts darstellt, der keineswegs eine schlichte Verleugnung

---

[12] Elizabeth J. Perry: „Worshipers and Warriors. White Lotus Influence on the Nian Rebellion". In: Modern China 2 (1976), S. 4–22.

[13] Zur Begründung von Gewalt im japanischen Buddhismus vgl. Peter Kleinen: Im Tode ein Buddha. Buddhistisch-nationalistische Identitätsbildung in Japan am Beispiel der Traktake Gesshôs. Münster, Hamburg, London 2002; Brian A. Victoria: Zen, Nationalismus und Krieg. Eine unheimliche Allianz. Berlin 1999. Dazu passend als Gegenstück: Xue Yu: Buddhism, War, and Nationalism: Chinese monks in the struggle against Japanese aggressios, 1931–1945. New York, London 2005.

oder Bedrohung der ‚offiziellen', auf Frieden im Reich ausgerichteten, weltlichen Kaiserideologie und ihrer sozialen Machtstrukturen bedeutet, sondern eine Parallelwelt mit einer übernatürlichen, religiösen Machtstruktur bildet.[14] Die Ausübung von Gewalt wird damit zum legitimen Mittel der moralischen Ökonomie der Beherrschten. In der traditionellen Begrifflichkeit wird die friedliebende ‚kultivierte', zivile Struktur als wen (jap. bun) bezeichnet, während die kriegerische, militärische Struktur wu (wie in wushia; jap. bu) heißt.[15] Der Versuch, beide Ordnungen zu versöhnen – und das heißt im wesentlichen: die Krieger zu ‚zähmen', indem sie in die zivile Ordnung (als kaiserlicher Beamte) eingebunden wurden –, ist eines der beherrschenden Themen der politischen Geschichte Chinas, Japans und Koreas. Das Interesse, das dem Zen-Buddhismus sowohl seitens der staatlichen Macht als auch seitens der Kampfkunst-Eliten entgegengebracht wurde, erklärt sich zum Gutteil daraus, daß gerade die Zen-Lehre beanspruchte, das geeignete Medium für diese Versöhnung zu sein; also Kriegskunst gewissermaßen in Staatskunst zu verwandeln (und umgekehrt). In dieser Mission ist die Rolle des Zen in der Kampfkunst geradezu kanonisiert und seit dem 20. Jahrhundert unter westlicher Mitwirkung globalisiert worden.[16]

Der einheimische *locus classicus* des buddhistischen Kampfsports ist eben der Zen-buddhistische Shaolin-Tempel in der Provinz Henan. Spätestens seit dem 16. Jahrhundert[17] wurden dort eigene Kampfstile entwickelt und unterrichtet, und zwar neben dem Faustkampf vor allem Stocktechniken. Wegen ihrer ‚Hit-and-run'-Philosophie – einem kraftvoll geführten Angriff soll im Shaolin die rasche und kunstvolle Distanzierung vom angegriffenen Objekt folgen – werden die Shaolin-Stile traditionell als „äußere Schule" (waijia) (im Sinne von „harte Schule") des Kungfu bezeichnet. In der ca. 1610 erstellten „Darlegung der originalen Shaolin-Stockmethode" (Shaolin gunfa chân zung) des Cheng Zungyou wird das Shaolin-Kloster bereits als Gegenstand der Bewunderung der chinesischen Edelleute dargestellt und in seiner Liminalität oder Bindegliedfunktion zwischen den Welten des „Zivilen" und des ‚Militärischen' klar beschrieben:

---

[14] Stephan Feuchtwang: Popular Religion in China: The Imperial Metaphor. London 2001.
[15] Kam Louie: Theorising Chinese Masculinity: Society and Gender in China. Cambridge 2002.
[16] Eines der kanonischen Werke hierzu ist natürlich Eugen Herrigel: Zen in der Kunst des Bogenschießens (zuerst 1948; viele Neuauflagen).
[17] Meir Shahar: „Ming-Period Evidence of Shaolin Martial Practice". In: Harvard Journal of Asiatic Studies 61 (2001), S. 359–413.

„Das Shaolin-Kloster hat seinen Platz zwischen zwei Bergen: dem der Kultur (wen) und dem des Kampfes (wu)."[18]

Das liminale Sowohl-als-auch der Zen-buddhistischen Kampfkunst wird schließlich zum Weder-Noch, wenn es um eine moralische Haltung zur Gewaltanwendung geht, die ja durch die Beherrschung der im Kloster und anderswo unterwiesenen Techniken erst Erfolg verspricht, also ermutigt wird. Der japanische Zen-Mönch Takuan (1573–1645) prägte die klassische Formulierung: „Es ist wirklich nicht [der vollendete Kämpfer], sondern das Schwert selbst, das tötet. Er hat keine Verlangen, jemand zu schaden, sondern der Feind erscheint und macht sich selbst zum Opfer."[19] Zen in der Kunst des Kampfes ist also weder pazifistisch (es verlangt nicht, Schwerter zu Pflugscharen zu machen) noch moralistisch (es macht dem Täter keinen Schuldvorwurf – denn nicht ‚er' handelt, sondern ‚es', oder noch eigentlicher: der andere, dessen Handeln das Reagieren des ‚es' provoziert).

3 Daoistische Konzepte und die „innere Schule"

Die Angehörigen der „Parallelwelt"[20] oder Subkultur der Kampfkünste werden zwar als zusammengehörige Statusgruppe, als Welt oder wörtlich „Wald der Krieger" (wulin), betrachtet. Aber anders als beim „Wald der orthodoxkonfuzianischen Gelehrten" (rûlin) handelt es sich hierbei um einen randständigen Wald, in den sich nur Menschen wagen, die die Marginalisierung nicht scheuen. Dabei wandeln sie auf den Spuren religiöser Vorbilder, die Marginalität und Abkehr von der diesseitig orientierten ‚Normalwelt' zum Programm erhoben haben. Wie Jean de Bernardi feststellt, ist Religion in China „an arena in which subcultural identities are produced."[21] Stärker noch als der Buddhismus ist es daher der Daoismus, dem sich die Kampfkünste verbunden fühlen: Der daoistische Asket oder „Heilige" ist in der materiell und an Macht orientierten Welt ebenso unbehaust wie der Krieger, dessen Techniken und Künste ihn aufgrund seiner unheilbaren Aufrichtigkeit und Anständigkeit in dieser Welt der Ränke und Intrigen nicht halten und nicht retten können.

---

[18] Zitiert bei Meir 2001: 367.
[19] Zitiert bei Allan Bäck, Daeshik Kim: „Pacifism and the Eastern Martial Arts". In: Philosophy East and West 32 (1982), S. 177–186; hier S. 184.
[20] Schmidt-Herzog 2003: 23.
[21] Jean de Bernardi: The God of War and the Vagabond Buddha. In: Modern China 13 (1987), S. 310–332.

Auch der Daoismus kennt seinen *locus classicus* der Kampfkunst, nämlich den Wudang-Klosterkomplex in der Provinz Hubei.[22] Hier konzentriert sich die Überlieferung der „inneren Schule" (neijia) (oder „weichen Schule") des Kungfu. In deren Vordergrund steht weniger das Üben und Erwerbung ‚äußerer', also körperlicher Kampffertigkeiten (vor allem der Schwertführung) als vielmehr die Einübung innerer Energie (chi, jap. ki). Der Weg zur Meisterschaft ist entsprechend länger und weniger am sichtbaren Erfolg meßbar. Vereinfacht gesagt, steht hier nicht Bodybuilding, sondern Mindbuilding im Vordergrund; das Resultat ist ein völlig anderer, betont unathletischer Kämpfertyp. Historisch gesehen ist die „innere Schule" der Kampfkunst als die jüngere zu betrachten, denn der vordergründige Verzicht auf unmittelbare militärische Effizienz ist ein zivilisatorischer Luxus, der sich wohl nur in der an die turbulente, gewalttätige Endphase der Ming-Dynastie anschließenden, langen Friedenszeit der Ching-Dynastie entfalten konnte.[23]

Der Daoismus orientiert sich nicht nur an der Natur; er ist davon überzeugt, daß (natürlicher, aber auch politischer) Makrokosmos und (menschlicher) Mikrokosmos in völliger Analogie stehen.[24] Nach daoistischer Auffassung ist die Welt vollständig im eigenen Körper repräsentiert.[25] Der Körper stellt eine Landschaft dar, durch die Wasser, Luft und Licht fließen.[26] Der gesamte Mensch wird als heiliger Berg verstanden, in dem drei „innere Landschaften" existieren: erstens der „Gipfel", das ist der Kopf. Dort stehen das linke Auge als Sonne (entsprechend yang, der „männlichen Kraft") und das rechte Auge als Mond (also yin, „weibliche Kraft") des inneren Universums. Aber es gibt noch ein „drittes Auge" im Körper, das wie der Polarstern (taijishing) die männliche und weibliche Perspektive vereint und als Spiegel und Reflektor des inneren Augenlichts dient. Diese Synthese der beiden

---

[22] Hier spielt ein Teil von Ang Lees „Crouching Tiger, Hidden Dragon".
[23] Schmidt-Herzog 2003: 42.
[24] Vgl. Nathan Sivin: „State, Cosmos, and Body in the Last Three Centuries B.C.". In: Harvard Journal of Asiatic Studies 55 (1995), S. 5–37.
[25] Hierzu Kristofer Schipper: The Taoist Body. Berkeley, Los Angeles, London 1993; ders.: „The Taoist Body". In: History of Religions 17 (1978), S. 355–386.
[26] Das Körperbild des Daoismus wird idealtypisch in Form einer „Tafel des inneren Gewebes" (Neijingtu) verbreitet. Dazu s. Erwin Roussel: „Nei Jing Tu ‚Die Tafel des Inneren Gewebes': Ein daoistisches Meditationsbild mit Beschriftung" (http://abz-nord.de/Literatur/Fachartikel/neijingtu.htm; abgerufen am 16.7.2008). Die diesem Aufsatz beigefügte Abbildung des Neijingtu (siehe Seite 113) stammt von der Homepage von Kanzaka Kazejirô (http://www2s.biglobe.ne.jp/~xianxue/gallery/neijing.gif; abgerufen am 16.7.2008).

polaren Kräfte wird im Taiji-Zeichen der ineinander verschlungenen yin und yang symbolisiert. (Das Taijichuän als eine Variante der „weichen Schule" bezieht seinen Namen genau aus dieser Symbolik.[27])

Entsprechungen von Sonne, Mond und Polarstern finden sich aber auch in den beiden anderen Körperregionen. Während die Körpermitte den eigentlichen Berg darstellt, trägt der Unterleib den Namen „Zinnoberfeld" (tantiän, jap. tanden): Es handelt sich um die Entsprechung zum Fuß des Berges, an dem ein Ozean liegt. Hier konzentriert sich die Kraft, das chi.

Wie die äußeren Berge, so ist auch der innere Berg von Geistern und Göttern bewohnt, die in den Höhlen und Öffnungen des Körpers leben. Ihre Existenz gilt als ein Beleg dafür, daß der Körper (wie die Berge) das Potential zur Unsterblichkeit besitzt.

Die Natur ist nach daoistischem Verständnis zwar unsterblich, aber nicht unwandelbar. Wandlung ist positiv, ja sogar notwendig, um ein Absterben zu verhindern. Die in westlicher Übersetzung häufig „fünf Elemente" genannten Feuer, Wasser, Holz, Metall und Erde sind daher richtig betrachtet ‚Wandlungsphasen', also vorübergehende und miteinander interagierende Zustände des Seins.

In den Prozeß ständiger Wandlungen einzugreifen, ist riskant. Allzu leicht kann der Mensch den natürlichen Lauf der Dinge negativ beeinflussen und zum Scheitern bringen. Deshalb leitet der Daoismus den Menschen zum „Nichtstun" (wuwei) ein, was nicht Faulenzen bedeutet, sondern den Verzicht auf gewaltsame Interventionen in den natürlichen Entwicklungsprozeß. Dem Menschen wird also gegenüber der Natur eine eher passive, weibliche Rolle zugeschrieben. Zu den Dingen, die er vermeiden sollte, gehören daher Trübsal, das Urinieren im Stehen – und der Gebrauch von Waffen.

Aktiv sollte der Mensch allerdings sein chi vermehren und seinen Körper rein halten, um schädlichen Geistern keinen Platz zu bieten. Zur daoistischen Körperpflege gehört daher richtiges Essen (ohne scharfe Gewürze), wenig Schlaf, regelmäßige Rezitation erbaulicher Schriften und vor allem Atemübungen, um das chi zu leiten. Früher als daoyin bekannt, werden diese Übungen heute meist chigung („Arbeit mit dem chi") genannt. Ihr Ziel ist, Atem, Geist und Körper in Übereinstimmung mit der aus den fünf Wandlungszuständen resultierenden Zeitharmonie zu regulieren. Im Idealfall lösen sich die Körperbewegungen in Tanz (angelehnt an die Bewegungen ausge-

---

[27] Zum Taijichuän s. jetzt Jian Teng: Taijiquan – eine neue Interpretation. Dissertation, DSHS Köln 2005.

suchter Tiere) und harmonischer Musik (deren Pentatonik gleichfalls die fünf Wandlungsphasen repräsentiert) auf.

Ebenso aktiv sollte der Mensch bedacht sein, körperlicher und geistiger Freiheit und Unsterblichkeit nachzustreben.[28] Daoistische Körperpflege ist deshalb mit Heilkunde, dem in der Akupunktur zusammengefaßten Wissen um die vitalen Körperpunkte und Massage als ein Weg, die in den Körper eingedrungenen bösen Geister zu zerstören, verbunden.

Freilich ist die Welt, in der sich der Mensch bewähren muß, vielgestaltig und veränderlich. Entsprechend unterschiedlich fallen seine Reaktionen auf und Interaktionen mit seiner Umwelt aus. Die Vielfalt möglicher Welterfahrungen verbietet die Reduktion auf einen für alle und überall geltenden Königsweg. Für die Kampfkunst heißt dies: Konkurrenz unterschiedlicher Systeme und Techniken ist ausdrücklich erwünscht – als Spiegel der in der Natur herrschenden Konkurrenz. Heute sind mehr als 200 Kampfkunstrichtungen in China bekannt, und aus der Sicht des Daoismus wäre es fatal, sie zu einem System zu vereinigen.

Das Ergebnis dieses Pluralismus ist allerdings erstens ein teils unerbittlich geführter Konkurrenzkampf, der sogar zur gegenseitigen Dämonisierung führen kann. In vielen Shaolin-nahen Wushia-Werken und Filmen erschien beispielsweise Wudang als der Hort des Bösen. Zweite Konsequenz ist das Bemühen, das eigene, mühsam erworbene Wissen geheimzuhalten und nur an Vertraute weiterzugeben. Denn wenn es zu viele Mitwisser gäbe, könnte sich die Wirkung von Techniken und Übungen bald verflüchtigen. Man gründet also Schulen, in denen man unter Ausschluß der Öffentlichkeit trainiert und in die auch nur Aufnahme findet, wer sich als vertrauenswürdig erweist. Mit fortschreitender Bewährung werden die Schüler in Teile der Schullehre eingeweiht, natürlich stets mit der Verpflichtung, die gelehrten Geheimnisse nicht zu verraten. Die höchsten und wichtigsten Geheimnisse bleiben allerdings dem Oberhaupt der Schule und seinen designierten Nachfolgern vorbehalten. Dies ist vergleichbar mit dem heute üblichen, abgestuften Einsatz von Antibiotika. Damit sich keine Resistenzen bilden, muß die lebenserhaltende Magie wohldosiert eingesetzt und so geheim wie möglich im Wald der Krieger verborgen werden.

---

[28] Das Streben nach Unsterblichkeit widerspricht nicht der empirischen Tatsache, daß alle Menschen (auch daoistische Heilige) einmal sterben, denn „immortality or transcendence in Taoism is ... a transcendent state in paradise and a psychological state on earth" (Livia Kohn: „Eternal Life in Taoist Mysticism". In: Journal of the American Oriental Society 110 (1990), S. 622–640; h. S. 638).

4 Die Säkularisierung des Kampfsports in Japan

Der in China so unzugänglich gemachte und marginalisierte „Wald der Krieger" bestand in Japan eher aus vielen einzelnen Bäumen, die noch dazu mitten in der Gesellschaft wurzelten. Denn hier gehörten ab dem 17. Jahrhundert etwa zehn Prozent (örtlich sogar noch mehr) der Bevölkerung offiziell zum Stand der professionellen Krieger, die selbstredend ungehinderten Zugang zu Waffentechniken und Kriegskünsten besaßen. Angesichts ihrer politischen Privilegierung im Feld der Macht bedurfte es keiner religiösen Legitimierung ihres Handwerks. Wer sie dennoch brauchte, fand sie im Zen-Buddhismus; der philosophische Daoismus fand wenig Anklang in Japan, auch wenn sich viele Elemente des religiösen Daoismus in volksreligiösen Praktiken (sehr oft unter dem Schirm des einheimischen Shintô) wiederfanden. So wurde z. B. aus dem Schwertschmieden ein magisches Geheimritual.[29] Den einfachen Krieger interessierten hingegen vor allem divinatorische und magische Techniken, mit denen das Kriegsglück beschworen werden sollte. Daoistische Schlüsselbegriffe wie ki (chin. chi) oder dô (chin. dao) waren allerdings auch hier beherrschende Termini des intellektuellen Kampfkunst-Diskurses. Auf dem Feld des Trivialen erfreute sich die chinesische Wushia-Literatur ab dem 19. Jahrhundert großer Beliebtheit und bildete den Grundstock für japanische Adaptationen, die um die marginalisierte Welt der japanischen Gangster und Banditen rankten. Aus dieser Welt erwuchs schließlich die bis heute intakte ‚verborgene Gesellschaft' der Yakuza und ihrer Seitenzweige, deren Pathos und Mythos eng mit dem Wushia verbunden sind – der aber jede religiöse Begründung und auch jeder spezifische Bezug zu den japanischen Kampfkünsten fehlt (mit Ausnahme vielleicht des Schwertes, das aber in vor- und frühmoderner Zeit natürlich das Privileg der Krieger, also der herrschenden Elite war). Der Buddhismus stand fest auf der Seite des Staates und der ‚normalen' Gesellschaft. Die einzigen, die als heilige Vagabunden auf synkretistischer (buddhistisch-daoistischer) Grundlage systematisch Heil- und Geheimkünste pflegten und denen im Volksglauben in der Tat auch in Gestalt der legendären Tengu-Kämpfer Meisterschaft im Schwertkampf zugesprochen wurde, waren die Bergasketen (Yamabushi). Sie aber zogen nach dem Ende der Tokugawa-Zeit und dem Beginn der Mo-

---

[29] Der Mythos des heiligen Schmiedens wird von Mizoguchi Kenji in dessen 1945 entstandenem Film „Das makellose Schwert" (Meitô Bijomaru) meisterlich inszeniert.

derne 1868 mehrheitlich eine eher beschauliche Karriere als Dorfapotheker dem Leben am romantischen, aber prekären Rande der Gesellschaft vor. Die politisch verfügte Auflösung des Kriegerstandes nach 1868 verwandelte in kurzer Zeit Krieger in Bürger. Das Zivile hatte das Militärische besiegt oder besser sich in anderer Form (nämlich der westlich ausgebildeten Wehrpflichtarmee mit ihrer völlig säkularen Ausrichtung) einverleibt. Nur wenige fanden unter diesen Umständen noch einen Platz, um die alten Kampfkünste zu pflegen; die Kundschaft hierfür war sehr klein geworden.

In der modernen Welt gab es keinen Platz für Religion, Magie und Geheimnisse. Der Staat war im Kern säkular und verlangte von seinen Untertanen keine innere Perfektion, sondern äußere Effizienz. Dem wären ums Haar das als altmodisch betrachtete, technologisch ineffiziente und didaktisch völlig unterentwickelte – also nicht für das neu etablierte Massen-Bildungssystem taugliche – Bujutsu zum Opfer gefallen. Die Rettung kam in Gestalt von Kanô Jigorô (1860–1938). Ihm gelang die Säkularisierung der Kampfkunst und ihre Umwandlung von einer Geheimkultur in einen öffentlichen, modernen, zur nationalen (und schließlich im Sinne der Olympischen Idee auch völkerverbindenden) Körperertüchtigung und Volkshygiene tauglichen Sport.[30] Dabei opferte Kanô freilich nicht nur sogenannte gefährliche (für einen gesundheitsfördernden Wettkampf ungeeignete) Techniken, sondern auch jede religiöse Spekulation auf dem Altar der Moderne.[31]

---

[30] Im Detail beschrieben in Reinhard Zöllner: „Judo im Prozess von Akkulturation und Globalisierung." In: Uwe Mosebach (Hg.): Judo in Bewegung. Bonn 2003, S. 171–192.
[31] Die prominente Ausnahme unter den modernen Kampfsportarten Japans stellt das Aikidô dar, dessen Gründer Ueshiba Morihei Anhänger einer synkretistischen „Neuen Religion" namens Ômoto-kyô war. Die Verwobenheit von Aikidô und Ômoto bleibt allerdings den meisten Aikidô-Sportlern verborgen.

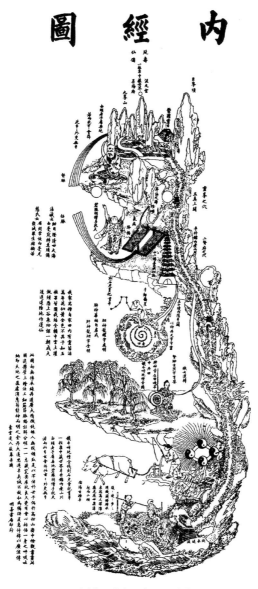

Abb. siehe Anm. 26

Sumō und Religion

Ulrich Pauly

1 Sumō im Mythos

Der Ursprung des japanischen Ringkampfes „Sumō" liegt weit zurück in der Zeit des Mythos. In den japanischen Geschichtswerken *Kojiki* (712 n. Chr.) und *Nihon shoki* (auch *Nihongi* genannt; 720 n. Chr.) findet sich die Mythe von der Sonnengöttin Amaterasu, die sich verärgert über die üblen Streiche ihres Bruders Susanowo schmollend in die himmlische Felsenhöhle zurückzog. Es wurde daraufhin stockdunkel auf der Erde und Krankheiten und anderes Unheil brachen aus. Der Göttin Uzume gelang es schließlich, die Sonnengöttin mit einem Stampftanz vor der Höhle neugierig zu machen, so daß sie aus der Höhle herauskam, worauf es wieder hell wurde und das Unheil von der Erde verschwand (Philippi 1968: 81–85).

Aus diesem Stampftanz vor der himmlischen Felsenhöhle hat sich später das unten beschriebene, einem japanischen Ringkampf vorausgehende Stampfritual (*shiko*) – eines der Urelemente des Sumō – entwickelt. Das Stampfen des Bodens wurzelt in den magischen Glaubensvorstellungen der alten Japaner, die der Ansicht waren, durch rituelles Stampfen Unheil und böse Geister vertreiben bzw. fernhalten zu können, so wie seinerzeit der Göttin Uzume mit ihrem die Sonnengöttin aus der Höhle lockenden Stampftanz Unheil und Krankheit von der Erde vertrieben hatte.

Auch der erste Ringkampf auf japanischem Boden fand bereits in mythischer Zeit statt und findet sich in der sogenannten Landabtretungsmythe. In dieser wird von dem Ringkampf eines Boten der Sonnengöttin berichtet, den dieser mit einem Regionalgott um die Herrschaft der Povinz Izumo austrug. Der Botengott siegte, und Izumo wurde dem Territorium des „Landes der frischen Ähren der tausend Herbste und langen fünfhundert Herbste des üppigen Schilfgefildes" (d. h. Japan) eingegliedert (Philippi 1968: 132–133). Diese Mythe ist ein wichtiger Beleg dafür, daß schon die alten Japaner Sumō-Ringkämpfe als eine Art Gottesorakel ansahen, mit dessen Hilfe sie für das Gemeinwesen wichtige Fragen klärten.

2 Sumō als Totenbesänftigung

Schon im Altertum, vor dem 7. Jh., scheint man Sumō und ein Stampfritual auch bei Begräbnisfeierlichkeiten von Angehörigen des Kaiserhofes aufgeführt zu haben. Zahlreiche Indizien deuten darauf hin, daß bei diesen Leichenspielen sogar auf Leben und Tod gekämpft wurde.

Die Japaner glaubten und glauben heute noch daran, daß die Totenseele eines Verstorbenen, der eines unnatürlichen oder allzu frühen Todes (z. B. durch Mord, Unfall oder Krieg) gestorben ist, über ihren neuen Daseinszustand erregt sei und deshalb oft dazu neige, alle Arten von Unheil über die Lebenden zu bringen, und zwar keinesfalls nur über diejenigen Lebenden, die ihren Tod verursacht haben. Bei den Trauerfeierlichkeiten des schon zu Lebzeiten unbeherrschten Kaisers Yūryaku trugen der Zeremonienmeister und seine Leute daher Waffen, um sich vor dem Toben der kaiserlichen Totenseele besser schützen zu können.

Die Ringkämpfe sollten vermutlich sowohl der Unterhaltung der Totenseele als auch zu ihrer Besänftigung dienen, damit sie kein Unheil über die Lebenden bringe. In ähnlicher Weise wurden ja auch bei uns im Abendland ursprünglich die Olympischen, die Pythischen, die Isthmischen und die Nemeischen Spiele als Leichenspiele zu Ehren eines mythischen Ahnherrn aufgefaßt. Bei den Nemeischen Spielen trugen die Kampfrichter sogar in Klassischer Zeit noch Trauerkleidung, aber auch bei den Olympischen Spielen waren die Spuren des Totenkultes noch lange sichtbar.

Bis heute ist es in Japan üblich, zur Unterhaltung und zur Besänftigung von Totenseelen Ringkämpfe durchzuführen. Ein eindrucksvolles Beispiel hierfür sind die jedes Jahr im Februar im shintoistischen Yasukuni-Schrein in Tōkyō veranstalteten Ringkämpfe, bei denen alle Ringkämpfer, die im Profi-Sumō Rang und Namen haben, auftreten. Ihre Ringkämpfe dienen zum einen der Unterhaltung der Besucher des Schreines, zum anderen und in erster Linie aber der Unterhaltung und der rituellen Besänftigung der Totenseelen der an diesem Schrein als Gottheiten verehrten japanischen Kriegsgefallenen. Wie alle Toten, die eines unzeitgemäßen und gewaltsamen ‚schlimmen Todes' gestorben sind, müssen auch die Totenseelen der im Kampf gefallenen oder bei einem Unfall umgekommenen Soldaten mit ihrem Schicksal ausgesöhnt werden, damit sie kein Unheil über die Bevölkerung bringen. Ihre Besänftigung bewirkt man durch die Sumō-Ringkämpfe und ihr Stampfritual (Pauly 1993a: 59–63).

Ein weiteres Beispiel für die Unterhaltung und Befriedung einer Totenseele liefern die Sumō-Turniere am Berg Karato in Hakui in der Präfektur Ishikawa , die wahrscheinlich spätestens seit dem 8.Jh. zu Ehren des in Hakui verstorbenen Prinzen Iwatsukiwake, eines Sohnes des sagenhaften Kaisers Suinin, abgehalten werden. Der Prinz und sein Vater sollen große Sumō-Fans gewesen sein, weshalb man am Berg Karato, aus dessen Erde man das Hügelgrab des Prinzen errichtet haben soll, noch heute zu Ehren dieses fern der Heimat in der Provinz gestorbenen Prinzen und zur Besänftigung seiner Totenseele jährlich im September Ringkämpfe aufführt (Pauly 1993b: 111-113).

Als letztes Beispiel für das Sumō als Totenbesänftigung sei die heute jährlich im Juli am Atsuta-Schrein in Nagoya durchgeführte Yokozuna-Ringbesteigungszeremonie des jeweiligen Yokozuna, eines Ringers des höchsten Sumō-Ranges, genannt, dessen Sumō-Stampfritual man auch als Besänftigung der Totenseele des im Atsuta-Schrein verehrten mythischen Helden Yamato-takeru interpretieren darf.

3   Sumō als Reichsjahresdivination

Neben Sumō zur Unterhaltung fanden am Kaiserhof spätestens seit dem 8. Jh. im siebten Mondmonat auch als Reichsjahresdivination (*kuni toshiura*) veranstaltete Ringkämpfe statt, bei denen Ringer aus allen Provinzen auftraten. Aus dem Ergebnis der Kämpfe las man den zu erwartenden Ausgang der folgenden Ernte und dankte den Göttern zugleich dafür, wenn sie im Vorjahr die Gebete um eine gute Ernte erhört hatten. Die Sumō-Ringkämpfe und ihr Stampfritual haben jedoch vermutlich schon lange, bevor sie als Begräbnisritual und Divination (Orakel) in das Zeremoniell des Kaiserhofes übernommen wurden, eine wichtige Rolle im festlichen und religiösen Brauchtum des japanischen Volkes gespielt.

4   Sumō als Fruchtbarkeitsritual

Bei den an den Shintō-Schreinen (Kultbauten des Shintō) begangenen Festen des japanischen Volkes, die wie unser Jahrmarkt oder unsere vor der Kirche gefeierten Kirchweihfeste (Kirchmesse, Kirmes, Kirta, Kirchtag) alle einen religiösen Kern haben, dienten neben kultischen (Stampf-)Tänzen immer auch Wettkämpfe wie z. B. das Tauziehen und das Sumō als Opfergabe zur Unterhaltung der Götter. Die bei Volksfesten (*matsuri*) im Gelände von

Shintō-Schreinen aufgeführten Sumō-Ringkämpfe nennt man heute Schrein-Sumō bzw. Votiv-Sumō. Die Keimzelle beim Schrein-Sumō ist die Zeremonie der Besänftigung der Erdgottheit, die auch als Erdseele bezeichnet wird. Vor allem von den Ernte(dank)festen vieler Dörfer ist das rituelle oder auch als echter Wettkampf betriebene Sumō noch heute kaum wegzudenken.

Bei der jährlich begangenen Zeremonie der Besänftigung der Erdgottheit unterhielten und besänftigten die Bauern die Gottheit (Seele) der Erde bzw. der auf dieser gedeihenden Feldfrüchte mit einem rituellen Gesang, mit einem Stampftanz (Stampfritual) und mit Ringkämpfen. In vielen Dörfern dient diese Zeremonie daneben zugleich als Einladung an eine starke Gottheit, die man um ihren Besuch bittet, um mit ihrer Hilfe die Erdgottheit zu besänftigen, die darüber erbost ist, daß man auf ihrem Rücken die Feldfrüchte anbauen möchte. Im Weiler Sorayoi (Präfektur Kagoshima, Kyūshū), dessen Stampftanz und Sumō ich 1993 besuchte, handelt es sich wie in vielen anderen Dörfern bei dieser Besuchergottheit um eine mit dem von den Bergen herabfließenden Wasser in Verbindung stehende Gottheit, was bei der großen Bedeutung, welche die Bewässerung für den Naßreisbau spielt, nicht verwunderlich ist.

Das Sorayoi-Fest im Weiler Nakafura (Präfektur Kagoshima in Südjapan) ist heute noch eine Reise in die Frühzeit des Sumō. Es findet jedes Jahr in der Vollmondnacht des 15. Tages des 8. Mondmonats statt. In den Tagen vor dem Fest ziehen die in sechs Altersgruppen eingeteilten Jungen des Ortes mehrmals in die umliegenden Berge und sammeln dort Schilfgras und Ranken. Am Festabend tragen sie nur einen Lendenschurz, eine Kopfbedeckung aus Schilfgras, einen Umhang sowie einen kurzen Rock aus Schilfgras. Nach Sonnenuntergang begeben sie sich dann zum Schrein der lokalen Schutzgottheit, um dort zu beten. Von dort ziehen sie singend und alle Dorfbewohner, bei Androhung von Strafe, zur Teilnahme am Fest auffordernd zum Festplatz, in dessen Mitte ein großer Reisgarbenstand steht. Hier angekommen bilden sie um den Garbenstand einen großen Kreis, schwanken mit in die Hüften gestemmten Händen wie Ähren im Wind hin und her und führen dann unter dem Absingen religiöser Gesänge einen feierlichen Stampftanz auf. Von dem Refrain „*sorayoi*" (so ist es gut) bei ihren Gesängen hat das Fest seinen Namen erhalten. Nach dem Stampftanz veranstalten sie ein Tauziehen, dessen Tau aus den in den Bergen gesammelten Ranken hergestellt wurde. Anschließend zerstören sie den Garbenstand und bilden aus dessen Resten einen Ring. Auf diesem führen sie dann wettkampfmäßig bis in die tiefe Nacht Sumō-Ringkämpfe auf.

Die in Lendenschurz und Reisstroh gekleideten Jungen gelten als Verkörperungen der aus den Bergen zu Besuch ins Dorf kommenden Besuchergottheit, die mit ihrem Stampftanz die Erdgottheit bezwingen und besänftigen, so daß sie für eine gute Ernte im neuen Jahr sorgen wird. Zugleich danken sie der Erdgottheit mit dem Refrain „sorayoi" (so ist es gut) für die im alten Jahr erreichte gute Ernte. Kopfbedeckung, Umhang und Rock aus Gras oder Reisstroh gelten in Japan seit alters als Reisekleidung u. a. der zu bestimmten Festen in den Weiler Nakafura kommenden Besuchergottheit. Während heute der Stampftanz noch rein rituellen Charakter hat, werden das Tauziehen und die Sumō-Ringkämpfe als rein sportliche Wettkämpfe zur Unterhaltung der beiden Gottheiten aufgeführt. Ursprünglich wurden jedoch wohl auch das Tauziehen und das Sumō hier als magisch-rituelle Wettkämpfe zwischen der Besuchergottheit und der Erdgottheit demonstriert, bei denen das Ergebnis – der Sieg der Besuchergottheit – von vorneherein feststand (Pauly 1993b: 104–108).

Im Unterschied zum Sorayoi-Fest sind die Sumō-Ringkämpfe in manchen Dörfern auch heute noch ein dem sakralen Theater ähnelndes religiösmagisches Ritual, mit dem die Bauern die Fruchtbarkeit ihrer Felder und eine gute Ernte herbeiführen wollen, indem sie die Besuchergottheit im Sumō-Ringkampf über die Erdgottheit siegen lassen.

Ein Beispiel dieses Sumō-Typs stellt das Einmann-Sumō (*hitori zumō*) am Ōyamazumi-Schrein auf der Insel Ōmi in der Inlandsee dar. Auch bei ihm tritt der dem sakralen Tanz und Theater ähnelnde Charakter des archaischen Sumō deutlich zutage. Beim jährlich am 5. Mai nach dem rituellen Reispflanzen und am 9. September nach der rituellen Reisernte vollzogenen Einmann-Sumō besteht das Ritual aus drei Wettkämpfen. Vor jedem Kampf ruft der Schiedsrichter die beiden Ringer mit ihrem Ringernamen (*shikona*) auf, worauf für alle Zuschauer sichtbar ein erwachsener Ringer den Ring betritt. Der Ringername ist ein eindrucksvoller Name, der nichts mit einem bürgerlichen Personennamen zu tun hat. Sein Partner, der mit dem Ringernamen „Seele" (*seirei*) aufgerufen wurde, ist die Reisseele (Reisgottheit), die unsichtbar ist und während der Kämpfe unsichtbar bleibt. Man sieht also, wie der einzelne Ringer scheinbar allein das beim Sumō übliche Vorbereitungsritual (siehe unten) vollzieht, wobei er mit seinen Füßen fest aufstampft, seinen unsichtbaren Gegner mit den Augen fixiert, um ihn einzuschüchtern, seinen Mund mit Wasser ausspült und Salz im Ring verstreut, ehe er sich dann dreimal, so als ob er seinen unsichtbaren Gegner vor sich her schöbe, durch den Ring bewegt. Die Reisseele bekommt ihn jedoch bei seinen Oberschenkeln zu fassen, so daß er das Gleichgewicht verliert und stürzt. Sieger in diesem ersten Kampf ist also die Reisseele.

Bei seinem zweiten Kampf greift der Ringer die Reisseele entschlossener und härter an, und da diese den Kampf scheinbar auf die leichte Schulter genommen hat, siegt diesmal der menschliche Ringer. Beim dritten und letzten Ringkampf geht der Ringer bewußt halbherzig in den Kampf, weshalb es der Reisseele rasch gelingt, ihn schwungvoll zu Boden zu werfen und den Kampf so für sich zu entscheiden.

Das Ziel des Einmann-Sumōs auf Ōmi ist es, die Reisseele dadurch zu erfreuen, daß man sie zweimal siegen läßt. Man will so am 5. Mai erreichen, daß sie gutgelaunt das Gedeihen des Reises fördert und möchte ihr am 9. September dafür danken, daß sie für eine reiche Ernte gesorgt hat. Die choreographisch genau festgelegten, fast tänzerisch anmutenden Bewegungen des Ringers vermitteln einem zusammengenommen mit dem Stampftanz beim Sorayoi-Fest einen Eindruck davon, wie das rein rituelle gottesdienstliche Sumō im japanischen Altertum ausgesehen haben mag. Die japanischen Gottheiten, Seelen und Geister scheinen übrigens ein ausgesprochenes Faible für das Sumō zu haben. Ringkämpfe von Menschen mit Göttern, Geistern und Seelen begegnen uns daher nicht nur in Mythen, Sagen und Märchen, sondern auch als rituelles Sumō in fast allen Landesteilen Japans.

Daß Ringkämpfe zwischen Gottheiten und Menschen aber keineswegs eine japanische Besonderheit sind zeigt uns u. a. der im Baal-Mythos aus Ugarit geschilderte Ringkampf zwischen dem Gott Baal und M't (Moot) sowie der im Alten Testament der Bibel (1 Mose 32,24–32) beschriebene nächtliche Ringkampf zwischen Jakob und Gott. Als Gott nach dem die ganze Nacht hindurch dauernden Kampf bei Anbruch der Morgenröt sah, daß er Jakob nicht bezwingen können würde, schlug er ihn auf die Hüfte, verrenkte sie ihm und forderte Jakob auf, ihn loszulassen. Das tat Jakob aber erst, nachdem Gott ihm den Namen Israel (d.h. Gott ringt) gegeben und ihn gesegnet hatte. Jakob aber hinkte von Stund an wegen seiner Hüfte. Eine Verrenkung der Hüfte, wie Jakob sie von Gott beigebracht bekam, und das daraus resultierende Hinken sind eine im Ringkampf häufig passierende Verletzung.

Eine andere Variante des Erntebitt- und Erntedank-Sumō bietet das Götter-Sumō, das ich 1992 am Ōharano-Schrein am Fuß der Westberge am Stadtrand von Kyōto besuchen durfte.

Das Fest beginnt mit einem Gottesdienst, bei dem den Gottheiten für die erreichte gute Ernte gedankt und bei dem sie zugleich um eine gute Ernte im kommenden Jahr gebeten werden.

Nach dem Gottesdienst, an dem sie teilgenommen haben, erhalten zwei älterere Ringer von dem Shintō-Priester jeder ihren während des Gottesdienstes geweihten weißen Ringerschurz (*mawashi*) überreicht. Sie kleiden sich um, und drei Ringer im Alter von 10–12 Jahren führen dann vor dem Schrein eine *yokozuna*-Ringbesteigungszeremonie durch. Ein *yokozuna* ist ein Ringer des höchsten Ranges im Sumō. Zusammen mit den zwei inzwischen umgekleideten erwachsenen Ringern stellen sich die drei jungen Ringer dann der Gottheit des Schreines vor, bevor sie sich alle zum Ringplatz begeben.

Nachdem ein Shintō-Priester unter Schwenken eines Reinigungsstabes den Ring rituell von allen bösen Kräften/Geistern, die in ihm hausen könnten, gereinigt hat, besteigen ihn die beiden erwachsenen Ringer und vollziehen die Ringweihe (dohyō matsuri). Dazu gießen sie an den Fuß jedes der vier das Ringdach tragenden Pfeiler als Opfer für die Gottheiten der vier Jahreszeiten etwas süßen Opferreiswein (*miki*). Um sich selbst für den Vollzug der Opfer rituell zu reinigen, haben sie vor jedem der vier Opfer ihren Mund mit Wasser ausgespült und ein mit ‚Reinigungssalz' gefülltes weißes Blatt ‚Reinigungspapier' in den Mund genommen. Zum Abschluß der Weihe befestigen sie dann als Symbol für die Anwesenheit der Gottheiten am Nordwestpfeiler des Ringes einen Zweig des immergrünen Sakaki-Baumes.

Nachdem sie so alles für ihren Ringkampf vorbereitet haben, führen sie das (auch im Profi-Sumō) übliche Vorbereitungsritual (siehe unten) durch, d. h. sie klatschen in die Hände, breiten die Arme aus, streuen Salz in den Ring und stampfen mit den Füßen, bevor sie den Kampf eröffnen. Bei ihrem nur ein bis zwei Sekunden dauernden Kampf drückt der eine Ringer den anderen, ohne daß dieser nennenswerten Widerstand leistet, aus dem Ring. Die beiden Ringer kehren dann an die Startlinie im Ring zurück und tragen noch einen zweiten Ringkampf aus, bei dem diesmal der vormalige Verlierer den vormaligen Sieger ohne große Schwierigkeiten aus dem Ring drückt, so daß von den beiden Ringern jeder einen Ringkampf gewonnen und einen verloren hat. Damit ist das Götter-Sumō-Ritual, bei dem es keinen Schiedsrichter gegeben hat, beendet. Anschließend findet dann ein großes Sumō-Turnier der Volks- und Mittelschüler des Ortes statt. Diese kämpfen nach Altersgruppen getrennt in einem rein sportlichen Wettkampf, den ein Schiedsrichter in Priesterkleidung leitet. Sowohl die Sieger als auch die Verlierer erhalten dann nach dem Kampf einen Preis. Das Götter-Sumō am Ōharano-Schrein dient heute ausschließlich der Unterhaltung der Gottheiten und ist als Dank für ihre Hilfe beim Zustandekommen der eingebrachten Ernte und als Versuch gedacht, die Hilfe der Gottheiten für das Einbringen einer guten Ernte im kommenden Jahr zu erwirken.

Der rein rituelle Ringkampf der beiden erwachsenen Sumō-Ringer zu Beginn dürfte eine entartete Form des ursprünglich bei solchen Festen aufgeführten Kampfes zwischen einer Besuchergottheit und der Erdgottheit darstellen (Kawabata 1993: 27–46; Pauly 1993: 113–118).

5 *Garappa*-Sumō gegen Brand und Hochwasser

Garappa werden in Kagoshima die im restlichen Japan als „*kappa*" bezeichneten Wasserkobolde, eine leicht verkommene Form der Wassergottheit, genannt. Diese Kobolde haben etwa die Größe eines 12- bis 14jährigen frechen Jungen, eine leicht glitschige Haut und tragen angeblich einen schildkrötenähnlichen Panzer auf dem Rücken. Wie die Heinzelmännchen von Köln sind sie nur sehr schwer zu beobachten, doch aus den Erzählungen von Generationen für gewöhnlich wahrheitsliebende Eltern und Großeltern wissen die Japaner, daß die *kappa* alle begeisterte Sumō-Ringer sind, die nicht nur untereinander ringen, sondern auch die Menschen gerne zu einem Ringkampf auffordern. Zu den Besonderheiten der *garappa* in Kagoshima zählt, daß sie sich im Frühjahr von ihrem Winterwohnsitz in den Bergen in ihren Sommerwohnsitz im Tal und im Herbst wieder zurück ins Bergland begeben, wobei sie die Menschen mit ihren schauerlich hohlen Rufen „*hyō-hyō*" erschrecken.

An diese Tradition erinnert das *garappa*-Sumō (auch Wassergottheitsfest genannt) im Schrein des Weilers Takahashi in Kagoshima, das jährlich am 22. August gefeiert wird. Am frühen Morgen des Festes laufen als Groß-*garappa* verkleidete 15- bis 19jährige Burschen, die einen ihr Gesicht unkenntlich machenden Sack über dem Kopf tragen und in einen sackartigen alten Schlafsack gekleidet sind, durch den Weiler auf der Suche nach jungen Frauen und Kindern. Früher haben sie alle Opfer, die sie erwischten, liebevoll mit einem Asche-Öl-Gemisch im Gesicht ‚gewaschen' und ihnen den Hintern versohlt. Da die Polizei ersteres seit Kriegsende nicht mehr zuläßt, begnügen sie sich heute damit, ihren Opfern mit einer Rute den Hintern zu versohlen und zu versuchen, sie in einen Sack zu stecken. Die Schläge auf den Hintern sollen die Opfer fruchtbar machen. Während die Groß-*garappa* noch umgehen, findet im Schrein ein Gottesdienst statt. Anschließend, es ist mittlerweile gegen zehn Uhr vormittags, marschieren die in bunte Lendenschürze gekleideten 10- bis 14jährigen Jungen, die Jung-*garappa* des Weilers, zum Schrein, wo sie von den Groß-*garappa*, ihren Eltern und zahlreichen Zuschauern bereits erwartet werden. Die Jung-*garappa* knien sich jetzt vorübergebeugt, die nackten Hintern nach außen gestreckt kreisförmig auf den Ring und müssen sich in dieser unbequemen Form vom Schiedsrichter die Geschichte des Sumō und der Wasserkobolde anhören, während die Groß-*garappa* um den Ring herumlaufen und ihre Ruten eifrig an den Gesäßen der Jung-*garappa* und der Zuschauerinnen, die sie erwischen können, ausprobieren.

So vorbereitet führen die Jung-*garappa* dann verschiedene Sumō-Griffe auf dem Ring vor, ehe sie dann miteinander ringen, wobei der Sieger hintereinander und ohne Pause so oft gegen einen neuen Gegner zum Kampf antreten muß, bis er schließlich einmal verloren hat. Auf diese anstrengenden Reihenringkämpfe folgen dann Kämpfe, bei denen jeder Ringer nur noch einmal gegen einen anderen Ringer antritt. Zum Abschluß treten alle Ringer auf den Ring und führen dort Sumō-Lieder (*jinku*) singend einen kreisförmigen Tanz auf. Dann verlassen sie den Ring, um Platz zu machen für den besten Ringer des Tages, der – wie auch bei den Turnieren des Profi-Sumō zum Abschluß des Tages üblich – mit einer Prunkschürze umgürtet auf dem Ring, einen Bogen in der Hand, den feierlichen Bogentanz tanzt. Damit ist der gottesdienstliche Teil des Garappa-Sumō zu Ende. Groß-*garappa* und Jung-garappa begeben sich in die Gemeindehalle, wo sie den Tag bei Leckereien, Bier und Reiswein bzw. Limonade und Cola ausklingen lassen.

Das *garappa*-Sumō mit dem Verprügeln durch die Groß-Kappa und mit der Unterweisung im Ringkampf dient zum einen als eine Reifefeier für die 12- bis 14jährigen Jungen (die Jung-*garappa*), bevor diese mit 15 in die Reihen der Groß-Kappa aufgenommen werden. Mit 15 wurde man im alten Japan traditionell zum Erwachsenen. Vor allem aber feiert man das Fest zu Ehren der Sumō-närrischen Wassergottheit und Wasserkobolde. Indem man ihnen die Tänze auf dem Ring, die Lieder und die Ringkämpfe als Unterhaltung anbietet, will man sie sich geneigt machen und hofft, daß sie den Weiler im kommenden Jahr vor Feuersbrunst und Hochwasser schützen. Groß-*garappa* und Jung-*garappa* gelten für die Dauer des Festes als Verkörperungen der Wassergottheit.

6 Regenbitt-Sumō

Eine alte Form des religiös-rituellen Sumō ist auch der als Regenbittritual durchgeführte Sumō-Ringkampf. Quellenmäßig sind Regenbitt-Sumō-Ringkämpfe erstmals für das Jahr 1457, im Kōzenryūō-Schrein in Nara, belegt. In der Folge gab es dann öfter bei Dürre Aufführungen von Sumō-Ringkämpfen als rituelle Bitte um Regen. Eine besondere Variante des Regenbitt-Sumō wurde von der Mitte des 19. Jahrhunderts bis 1945 in der Präfektur Akita in Nordostjapan veranstaltet. Hier führten an verschiedenen Shintō-Schreinen Frauen Sumō-Ringkämpfe auf. Dahinter stand wohl der Gedanke, durch die Aufführung von Frauen-Ringkämpfen im Schrein – Ringerinnen galten als rituell unrein – die dort verehrte Gottheit so zu verärgern, daß diese aus Zorn über die Verunreinigung ihres Ringes heftigen Regen fallen ließ. Im Ogita Shinmei-Schrein in Ogita (Akita) kamen bis 1964 bei anhaltender Dürre im Sommer 35- bis 40jährige Ringerinnen zusammen, um als Regenbittritual ein Frauen-Sumō aufzuführen. Vor Beginn ihrer Ringkämpfe verlas der Shintō-Priester ein Regenbittgebet. Bei den anschließenden Ringkämpfen ging es den Ringerinnen jedoch nicht um Sieg oder Niederlage. Ihr Sumō hatte einen rein rituellen, theatralischen Charakter. Da sie glaubten, daß eine Verunreinigung des Ringes durch ihr Blut sich negativ auf den erhofften Ernteertrag auswirken könne, kämpften sie so vorsichtig, daß jede Verletzung vermieden wurde. Gleichzeitig ließen sie sich aber immer wieder in sexuell aufreizenden Posen mit weit gespreizten Beinen auf den Ring fallen, um so die Gottheit zu erzürnen und dadurch zu heftigen Regenfällen zu veranlassen. Nach den Ringkämpfen brachte man eine männliche und eine weibliche Strohschlange zum nahen Fluß und warf sie hinein, damit sie wegtreiben und alle rituellen Verunreinigungen des Ortes mit sich nehmen mögen (Pauly 2000: 189–190).

Neben dem Sumō als Regenbittritual hat es in Japan aber auch als Dank für nach Regenbitten eingetretene Regenfälle veranstaltete religiöse Jubel-Sumō gegeben.

7 Schrei-Sumō als Gesundheitsorakel

Das am weitesten verbreitete religiös-rituelle Sumō ist das jährlich an vielen Shintō-Schreinen und buddhistischen Tempeln Japans aufgeführte Schrei-Sumō (*naki zumō*), das auch Kindergeschrei-Sumō (*konaki zumō*) genannt wird. In Kanuma (Präfektur Tochigi) soll 736 nach Christus einem Paar sein neugeborenes Kind gestorben sein. Es wandte sich daher verzweifelt an die Gottheit des Schreines und, siehe da, drei Tage später schrie das Kind plötzlich laut auf und kehrte ins Leben zurück. Zur Erinnerung daran und als Dank an die an diesem Schrein verehrte Gottheit Ninigi, die seit alters auch als Schutzgottheit der Kinder und Schwangeren gilt, wird am Ikiko-Schrein in Kanuma noch heute jedes Jahr im September ein großes Schrei-Sumō veranstaltet.

Bei diesem Fest erhalten Säuglinge, die hinterher als „Schrei-Ringer" auftreten sollen, ein Amulett, das ihre Gesundheit im folgenden Jahr schützen soll. Sie nehmen dann mit ihren Eltern und zwei strammen, erwachsenen Ringern an einem kurzen Shintō-Gottesdienst teil, ehe sich alle Teilnehmer zum im Schreingelände errichteten überdachten Ring begeben. Hier angekommen schnappen sich dann die beiden erwachsenen Ringer jeweils einen der beiden als Gegner vom Schiedsrichter aufgerufenen Säuglinge und heben sie gleichzeitig hoch, so daß sich die Gesichtchen der geschockten Kleinen direkt gegenüber befinden. Wenn dieses Expreßfahrstuhlerlebnis nicht ausreicht, werden die Säuglinge solange in der Luft geschüttelt, bis einer von ihnen zu schreien beginnt. Sieger im Schrei-Sumō ist der Säugling, der als erster geschrien hat. Die beiden werden dann von den Ringern ihren besorgten Müttern zurückgereicht, und der Schiedsrichter ruft das nächste Schrei-Ringerpaar auf. Die Schrei-Sumō-Wettkämpfe ziehen sich meist vom frühen Vormittag bis zum späten Nachmittag hin. Das Schrei-Sumō gilt als Orakel, in dem die Gottheit durch den Mund des Säuglings zu verstehen gibt, ob dieser gesund und munter ist und zu einem kräftigen Kind und Erwachsenen heranwachsen wird. Daneben wird die durch dieses Sumō erfreute Gottheit gebeten, den schwangeren Müttern der Gemeinde eine leichte Geburt zu gewähren. Da beim Schrei-Sumō auch die Verlierer ein entsprechendes die Gesundheit schützendes Amulett erhalten, können die Mütter aller teilnehmenden Säuglinge nach dem Fest beruhigt mit ihrem kleinen ‚Ringer' nach Hause zurückkehren.

Das Schrei-Sumō an anderen Tempeln und Schreinen wurde vermutlich in Anlehnung an das japanische Sprichwort „Ein Kind, das viel schreit, wird gesund aufwachsen" ins Leben gerufen. Hinter diesem Sprichwort stand früher die Erfahrung, daß ein Säugling, der laut und kräftig plärrt, oft gesünder ist als ein allzu stilles Kleinkind und wenn, auch nur deshalb, weil ein schreiendes Blag von seiner Mutter oft mehr Milch erhält, damit die kleine Nervensäge endlich Ruhe gibt. Hinter dem Schrei-Sumō, bei dem zwei stattliche erwachsene Ringer die Säuglinge halten und schütteln, steht darüberhinaus auch noch der mit der Vorstellung von starken Besuchergottheiten verbundene alte japanische Glaube, daß Sumō und Sumō-Ringer Krankheiten zu heilen vermögen.

8 Krankheiten heilendes Sumō

Schon den alten Japanern galt das Sumō als ein der Abwehr von Übel und der Mehrung von Lebenskraft dienendes Fruchtbarkeitsritual, dem apotropäische Wirkung im weitesten Sinne zugeschrieben wurde. Schon die Mutter des Regenten Fujiwara Moromichi (1062–1099), der, von einem Fluch getroffen, schwer erkrankte, ließ für seine Genesung Gebete lesen und u. a. hundert Sumō-Ringkämpfe aufführen. Wie wir aus dem *Heike Monogatari* erfahren, genas er daraufhin und lebte noch weitere drei Jahre. Die Japaner sahen in Sumō-Ringern eine Art Besuchergottheit, ein zu Besuch kommendes kraftvolles höheres Wesen. Der Glaube an die die Ringern umgebende Aura des Mächtigen blieb durch die Jahrhunderte erhalten. Im Sumō erfolgreiche, starke Ringer wurden daher früher oft an das Lager kranker Kinder, aber auch Erwachsener, gerufen. Der Ringer Raiden (1767–1825) wurde beispielsweise wiederholt gebeten, die Pocken oder andere Krankheiten dadurch auszutreiben, daß er vor den Kranken sein Sumō-Stampfritual und Sumōgriffe aufführte. Auch an das Krankenlager seines Landesherrn, des Daimyō Matsudaira Harusato, in dessen Diensten er seit 1788 stand, eilte er sofort, als er von dessen Erkrankung hörte, um ihn mit seinem Sumō zu heilen. Dieser Glaube an die Heilkraft von Ringern hat sich bis heute in abgeschwächter Form lebendig erhalten, wie u. a. der im Schrei-Sumō noch lebendige Glaube zeigt, daß ein von einem Sumō-Ringer berührtes Kind gesund aufwachsen werde.

9 Sumō zur Festigung des Grundstücks

Eine Sonderform des oben bereits erwähnten Sumō-Stampfrituals und-Ringkampfes zur Besänftigung der Erdgottheit stellt die anläßlich der Grundsteinlegungsfeier von Palästen und Burgen, Tempeln und Schreinen vollzogene Erdberuhigungszeremonie dar, bei der bis ins 19. Jahrhundert oft zwei hochrangige Sumō-Ringer mit ihren Füßen das Sumō-Stampfritual vollzogen, um die über die geplanten Bauarbeiten möglicherweise verärgerte Erdgottheit so zu besänftigen.

Die oben genannten Sumō-Varianten sind nur eine kleine Auswahl der in Japan früher bzw. heute noch als religiös-magisches Ritual durchgeführten Sumō-Ringkämpfe. Daß es daneben nicht nur den Profi-Sumō, sondern auch den in Stadt und Land, an Schulen und an Universitäten veranstalteten rein sportlichen und wettkampfmäßig Sumō gibt, bedarf wohl keiner besonderen Erwähnung. Gesagt werden muß jedoch, daß auch die Rituale und Attribute des rein sportlichen Sumō-Ringkampfes ihre religiös-rituelle Herkunft bis heute nicht verleugnen. Auf sie soll daher jetzt noch kurz eingegangen werden.

10 Die Symbolik des Sumō-Ringes

Nichtorganisierte Sumō-Ringkämpfe sind in der Edo-Zeit (1603–1867) wegen der damit häufig verbundenen Ausschreitungen der Fans von den um die öffentliche Sicherheit besorgten Behörden des Shogunates (Militärregierung Japans) immer wieder untersagt worden. Stattdessen ließ man nur den organisierten, professionellen Sumō-Ringkampf in seiner wegen seiner religiösrituellen Herkunft stark regulierten, aber als reiner Wettkampfsport betriebenen Form des Benefiz-Sumō an Schreinen und Tempeln (*kanjin zumō*) zu. Für die Veranstaltung dieses Sumō bedurften die Organisatoren jeweils der Genehmigung durch das Amt für religiöse Angelegenheiten (*Jisha bugyōsho*). Die lange Beschränkung auf das Benefiz-Sumō an Tempeln und Schreinen und die damit verbundene Abhängigkeit der Sumō-Kreise vom Wohlwollen der Beamten des Amtes für religiöse Angelegenheiten hat dazu geführt, daß man auch im Bereufs-Sumō stark die geistige Natur des Sumō betonte und die im gottesdienstlichen Sumō vorher schon üblichen Reinigungsrituale der Shintō-Religion förderte. Großer Wert wird bis heute auch auf die rituelle Vorbereitung der Ringer auf den Kampf gelegt.

Die stark anwachsenden Zuschauerzahlen hatten Anfang des 18. Jahrhundert dazu geführt, daß man der besseren Sichtbarkeit der Kämpfe wegen den Ring (*dohyō*) hochlegte. Zugleich führte die Herkunft aus dem rituellen, gottesdienstlichen Schrein-Sumō dazu, daß man den Ring als heiligen Kampfplatz ansah. Dem Geist der Edo-Zeit entsprechend versah man ihn damals mit einem Gemisch von Symbolen aus der Welt des Shintō, des Buddhismus und des Neokonfuzianismus.

Kurz dargestellt sei die Symbolik des Ringes, wie er sich dem Sumō-Fan im Profi-Sumō heute darstellt folgendermaßen: Der aus zwanzig halb in den Sand eingelassenen Reisstrohballen gebildete innere Ring symbolisiert das

Universum. Die quadratische äußere Umgrenzung des aus etwa 60 cm hohem gestampftem Sand errichteten Ringes stellt die Erde dar, und die Ringer selbst stehen symbolisch für den die Erde bewohnenden Menschen. Der Ring ist also ein Symbol der Triade Himmel, Erde, Mensch. Die heute an Stelle der bis kurz nach dem letzten Weltkrieg an den vier Ecken stehenden, das Dach des Ringes tragenden Säulen von den Ecken des (vom Hallendach herabhängenden) Ringdaches herabhängenden farbigen Quasten präsentieren die vier Jahreszeiten. Die grüne Quaste an der Nordostkante des Ringdaches steht für den Frühling, die rote im Südosten für den Sommer, die weiße im Südwesten für den Herbst und die schwarze Quaste im Nordwesten für den Winter. Das vom Ringdach hängende, um alle vier Quasten herumlaufende purpurne Tuch symbolisiert den Wechsel der Jahreszeiten.

Nach einer anderen Interpretation stehen der quadratische äußere Rand des Ringes für den Konfuzianismus, der Kreis des inneren Ringes für den Buddhismus und die verschiedenfarbigen Quasten für den Shintō. Die Farben der Quasten weisen aber zugleich auch auf die noch ältere chinesische Glaubensvorstellung von den Wächtern der vier Himmelsrichtungen hin. Der Glaube an diese als Drache (blau, Osten), Phönix (feuerrot, Süden), Tiger (weiß, Westen) bzw. als Schildkröte (schwarz, Norden) vorgestellten Wächtertiere gelangte spätestens im 7. Jahrhundert nach Japan. Den Wächtertieren wird eine das Grab und seine Toten besänftigende Wirkung zugeschrieben.

11 Die Ringrichter

Als das Berufs-Sumō immer mehr Elemente aus dem Shintō übernahm und die Zeremonie der rituellen Ringweihe geschaffen wurde, übernahmen die Ringrichter bei dieser Zeremonie das Amt eines Shintō-Priesters. Die zeitweilige Ausübung priesterlicher Funktionen durch ein von der Gemeinde gewähltes Laienmitglied ist bei den Festen vieler Shintō-Tempel und ihrer Gemeinde, die oft keinen vollberuflichen Priester bezahlen können, bis heute weit verbreitet. Die Schiedsrichter tragen daher nach heute während des Kampfes die Kleidung eines Shintō-Priesters.

12 Die Ringweihe

Die Zeremonie der Ringweihe (*dohyō matsuri*) findet jeweils einen Tag vor Beginn eines Sumō-Turniers statt. Sie wird von drei als Shintō-Priester fungierenden Schiedsrichtern geleitet. Einer der beiden dem als Kultleiter fungierenden Hauptschiedsrichter als Kultassistenten assistierenden Schiedsrichter besteigt den Ring, kniet sich in dessen Mitte hin und teilt den anwesenden Gottheiten mit einem Klatschen die Anwesenheit aller Beteiligten (Vorstandsmitglieder der Sumō-Gesellschaft und hochrangige ehemalige Ringer) mit. Nachdem er die Anwesenden durch Schwenken eines *sakaki*-Zweiges rituell gereinigt und den Ring wieder verlassen hat, besteigt nun der Kultleiter den Ring und trägt ein Ritualgebet vor, in dem der Ursprung des Ringes sowie die Ursache von Sieg und Niederlage erklärt und eine Bitte um das Gedeihen der Feldfrüchte im Lande ausgesprochen wird. Der Bezug auch des Profi-Sumō zum rituellen, gottesdienstlichen Sumō ist hier unübersehbar. Nach Beendigung des Gebetes pflanzen die Kultassistenten shintōistische Ritualstäbe (*gohei*) in die vier Ecken des Ringes und gießen als Opfergabe an die Gottheiten der vier Jahreszeiten dort Opferreiswein auf den Boden. Der Kultleiter begräbt dann in der Mitte des Ringes Torreya-Nüsse, Kastanien, Reis, getrockneten Tintenfisch und Riementang, reinigt das Ganze mit Salz und gießt darüber etwas Opferreiswein, von dem dann alle, die in offizieller Funktion an der Ringweihe teilgenommen haben, ebenfalls ein Schälchen trinken. Die Ringweihe endet damit, daß Ausrufer (*yobidashi*) eine Trommel schlagend dreimal um den Ring und anschließend durch die Straßen ziehen, um die Bevölkerung auf den Beginn des neuen Sumō-Turniers aufmerksam zu machen.

13 Die Signaltrommel

Im Unterschied zum Schlagen dieser tragbaren Trommel, dem keinerlei religiös-rituelle Bedeutung zukommt, enthält das morgendliche Schlagen der großen Signaltrommel (*yagura daiko*) auf dem für die Dauer des Turniers vor der Turnierhalle aufgebauten 17 m hohen Signalturm (*yagura*) die Bitte an die Gottheiten des Himmels, für gutes Wetter während des Turniers, für den Frieden im Kaiserrreich sowie für das Gedeihen der Fünf Feldfrüchte zu sorgen. Die Bitte um gutes Wetter während des Turniers war früher besonders wichtig, da die Ringkämpfe im Freien stattfanden und bei anhaltendem Regen wegen Aufweichen des Ringes unterbrochen werden mußten. Zwei oben an dem Turm befestigte Ritualstäbe, von denen weiße Stoffstreifen herabhängen, markieren den Turm als Sitz einer oder mehrerer Gottheiten (*kamikura*).

14 Yokozuna

Nur einer von rund 400 Ringern erreicht die Position eines *yokozuna*, den höchsten Rang im Sumō. Der Ursprung des Wortes yokozuna für einen Ringer liegt im 9. Jahrhundert, als der Schiedsrichter bei Ringkämpfen im Sumiyoshi-Schrein in Ōsaka dem berühmten Ringer Hajikami ein Bannseil um die Hüften band und bekanntgab, daß derjenige im Kampf gegen Hajikami Sieger sein solle, dem es wenigstens gelänge, das dem scheinbar unüberwindlichen Hajikami umgebundene Bannseil zu berühren. Es soll aber keinem Ringer gelungen sein, das Bannseil zu berühren.

Aus Reisstroh gefertigte Bannseile, von denen lange Strohhalme und zickzackförmige weiße Papierstreifen herabhängen, markieren im Shintō den Sitz einer Gottheit oder einen heiligen Bezirk. Daneben werden einem Bannseil auch apotropäische Kräfte zum Bannen von Unreinheiten und bösen Geistern zugeschrieben. *Yokozuna* (wörtlich: Seitenseil) hieß auch das Bannseil, das den rituell zu reinigenden Baugrund von neu zu bauenden Burgen, Palästen, Schreinen und Tempeln umgab, auf dem ein Sumō-Ringer, als Assistent des mit der Baugrundweihe betrauten Shintō-Priesters, so lange rituell mit den Füßen auf das durch das Seitenseil (Bannseil) umfriedete Stück Land stampfte, bis die Erdgottheit besänftigt und alle eventuell vorhandenen bösen Geister vertrieben waren (Pauly 1993a: 84–85).

Bis ins 18. Jahrhundert trugen die Ringer dann statt des von Hajikami getragenen Bannseiles nur ein dünnes Seil als Symbol der Schöpfergottheit um die Hüften. Erst bei dem Sumō-Turnier im 11. (Mond-)Monat 1789 wurde es dann wieder zwei Ringern des damals höchsten (*ōzeki*-)Ranges gestattet, bei der Ringbesteigungszeremonie über ihrer Prunkschürze ein Bannseil zu tragen. Nachdem man von dem dünnen, die Schöpfergottheit symbolisierenden Seil (*musubi no kami nō*) bei den höchstrangigen Sumō-Ringern zum Bannseil übergegangen war, wurde dieses Seil nicht nur im Laufe der Jahrzehnte immer dicker und schwerer; die Bezeichnung *yokozuna* des ursprünglich nur den Baugrund umgebenden Bannseiles wurde auch zum Namen für den neuen, über dem *ōzeki* stehenden *yokozuna*-Ranges im Sumō (Kubodera 1992: 207). Das früher auf dem Baugrund vollzogene Stampfritual der Ringer wird heute noch von den *yokozuna*-Ringern auf den Sumō-Turnieren täglich bei der Ringbesteigungszeremonie vollzogen.

Der *yokozuna* (-Ringer) wird, während er das Bannseil umgebunden hat, für die Dauer der Zeremonie, an der er teilnimmt, zum Sitz der Gottheit und als eine Verkörperung der Gottheit und ihrer göttlichen Kräfte angesehen. Die Vorstellung, daß eine Gottheit vorübergehend in einem Menschen Platz nimmt, ist in Japan von alters her allgemein verbreitet. Der *yokozuna* vertritt während der Zeremonie bzw. solange er sein Bannseil trägt, die Gottheit. Wie von einem Shintō-Priester erwartet man von ihm jederzeit ein seiner herausgehobenen Position entsprechendes würdiges Verhalten. Die mit seinen sportlichen Pflichten engverbundenen religiös-rituellen Aufgaben des in der Tradition der Besuchergottheit stehenden *yokozuna* sind der Grund dafür, daß für die Ernennung eines Ringers zum *yokozuna* und damit zum höchsten Rang im Sumō seine sportlichen Leistungen allein nicht ausreichen. Von einem *yokozuna* erwartet man auch einen würdigen Charakter (*hinkaku*) und daß er sich durch Reinheit von Körper und Herz (Geist) auszeichnet. Diese Sonderstellung eines *yokozuna* als eine Art Halbgott während der Zeremonien macht die Zurückhaltung verständlich, mit der viele Japaner lange der Ernennung eines Ausländers zum *yokozuna* gegenüberstanden. Erst mit dem Hawaiianer Akebono (alias Chad Rowan) hat man dann einen Ausländer gefunden, der geeignet schien und auch bereit war, die verschiedenen mit dem Rang des *yokozuna* verbundenen Shintō-religiösen Pflichten an Schreinen zu erfüllen. Der über 200 kg wiegende Akebono wurde daher im Januar 1993 zum ersten ausländischen *yokozuna* ernannt.

15 Klatschen zur Verehrung der Gottheiten

Die religiösen Aspekte des Sumō werden auch in dem Ritual deutlich, das alle Sumō-Ringer unmittelbar vor dem Beginn des Kampfes auf dem Ring vollziehen. Bei jedem Sumō-Turnier beginnen die Ringkämpfe unmittelbar nach Beendigung der Ringbesteigungszeremonie, die selbst keinen religiösen Charakter hat. Wenn der Ausrufer sie mit ihrem Ringernamen aufgerufen hat, besteigen die beiden Ringer den Ring und klatschen in ihrer Ecke (Südost- bzw. Südwestecke) einmal feierlich in die Hände. Das feierliche Klatschen (*kashiwade*) wird schon im chinesischen *Wei Zhi* von 297 n. Chr. als eine der üblichen Formen beschrieben, mit denen die Japaner ihre Gottheiten verehren. Mit dem Klatschen, das aus dem Schrein-Sumō in das Berufs-Sumō gelangt ist, teilt der Ringer den anwesenden Gottheiten seine Ankunft mit und erweist ihnen gleichzeitig formal seine Reverenz. Den Zuschauern zeigt er mit dem Klatschen darüber hinaus auch die Kraft seiner Arme und Hände.

16 Das Stampfritual

Nach dem Klatschen heben die sich gegenüberstehenden Ringer abwechselnd ihr rechtes und ihr linkes Bein, wobei sie den Fuß anschließend stampfend auf den Boden aufsetzen. Dieses Stampfritual (*shiko*) gehört in seiner nichtrituellen Form auch zum Training der Ringer. Es lockert und stärkt die Muskulatur der Beine sowie des gesamten Unterkörpers. Heute wird das Stampfritual beim Turnier von den meisten Japanern nur noch als Vorbereitungsübung auf den Ringkampf sowie zur Beeindruckung der Zuschauer und als Imponiergehabe zur Einschüchterung des Gegners angesehen. Tatsächlich ist es aber, wie ich oben gezeigt habe, ein altes magisches Ritual zur Vertreibung böser Geister und zur Besänftigung der Erdgottheit. Auf die apotropäische, geisterbezwingende Funktion des Stampfrituals (*shiko*) weist nicht zuletzt auch das seit alters für das japanische Wort *shiko* verwendete chinesische Schriftzeichen hin, das eine Kraft, einen Dämon oder einen Geist bezeichnet, der unrein ist und verabscheut wird.

17 Kraftwasser, Kraftpapier und Reinigungssalz

Nachdem die Ringer mit dem Klatschen den Gottheiten ihre Reverenz erwiesen und mit dem Stampfritual eventuell im Ring hausende böse Geister vertrieben haben, wird ihnen ein Schluck Kraftwasser (*chikara mizu*) gereicht, mit dem sie sich den Mund ausspülen. Dann bekommen sie ein Blatt weißes Kraftpapier (*chikara kami*), mit sie sich den Mund abwischen. Bei der Wiederholung dieses Reinigungsrituals während der Imponier- und Aufwärmphase vor dem eigentlichen Kampf reiben sich die Ringer mit dem Kraftpapier oft auch den Schweiß vom Körper oder unter den Achselhöhlen weg. Anschließend nehmen sie aus einem der beiden am Rand des Ringes bereitstehenden Körbe eine Handvoll Reinigungssalz (*kiyome shio*) und werfen es, je nach Temperament, mit mehr oder weniger Schwung auf den Ring. Es kommt auch vor, daß ein Ringer etwas Kraftwasser auf den Ring schüttet.

Wasser, Salz und weißes Papier dienen im Shintō seit dem Altertum zur rituellen Reinigung sowie als Opfergaben, die bei keinem Gottesdienst fehlen dürfen. Vor allem das Salz, das mühsam aus dem Meer gewonnen werden mußte, galt als wertvolle Opfergabe. Schon beim oben erwähnten Benefiz-Sumō standen Wasser und Salz zur rituellen Reinigung des Ringes an seinem Rand bereit. Oft nahmen die Ringer früher auch eine Prise Salz auf die Zunge, um sich selbst rituell für den Kampf zu reinigen. Im Schrein-Sumō bei den rituellen Sumō-Ringkämpfen werden Salz, Wasser und weißes Papier heute noch auch zur rituellen Reinigung des Ringers verwendet.

Durch das Reinigungssalz, das die Ringer (erst ab dem *jūryō*-Rang) im Turnier auf den Ring werfen, wird dieser rituell gereinigt und auf den Ringkampf vorbereitet. Diese Reinigung des Ringes ist notwendig, da er als heiliger Kampfplatz angesehen wird – eine Vorstellung, die aus dem Schrein-Sumō und dem Benefiz-Sumō in das Berufs-Sumō gelangt ist. Fragt man die Ringer selbst, warum sie das tun, so antworten die meisten, „damit es keine Verletzten oder Tote gibt" bzw. „um den Ring zu besänftigen" (gemeint sind damit natürlich die potentiell im Ring hausenden bösen Geister). Neben seiner Funktion als magisches Mittel zur Reinigung hat das Salz allerdings auch die positiven Eigenschaften, den Sandboden des Ringes zu härten und durch seine keimtötende Wirkung einer Entzündung kleinerer Wunden der auf den Ring stürzenden Ringer vorzubeugen.

Die Handgeste des siegreichen Ringers nach dem Kampf über dem Umschlag, der meist Geld oder einen Scheck enthält, hat keinerlei religiös-rituelle Bedeutung.

Selbstverständlich kann man sich am Sumō als Ringsport auch erfreuen, ohne die religiös-rituelle Geschichte und die Bedeutung des den Ringkämpfen vorausgehenden Rituals zu kennen. Wer aber beim nächsten Fernsehabend den Sumō als harmonisches Gesamtkunstwerk aus sportlichen, religiös-rituellen und theatralischen Elementen verstehen möchte, dem sei mit diesem Artikel eine kleine Hilfe dazu gegeben.

18 Literatur

Antoni, Klaus. Der himmlische Herrscher und sein Staat; München 1991.
Aston, W.G. Nihongi, Chronicles of Japan from the Earliest Times to A.D. 697; Rutland, Tōkyō 1973.
Cuyler, L. Sumo from rite to sport; Tōkyō 1979.
Frazer, J. The Golden Bough, Part 3. The Dying God; London 1990.
Kawabata, Y. Monogatari Nihon sumō-shi; Tōkyō 1993.
Kubodera, K. Nihon Sumō ōkagami; Tōkyō 1992.
Manthey, Barbara u.a. (Hg.) JapanWelten, Aspekte der deutschsprachigen Japanforschung. Festschrift für Kosef Kreiner; Bonn 2000.
Möller, Jörg (Hg.) Sumō; München 1993.
Origuchi, Shinobu Kusa zumō no hanashi; S. 455–457 in: Origuchi Shinobu Zenshū Dai 17. Geinōshi-hen; Tōkyō 1963
Pauly, Ulrich 1993a) Götter, Geister, Ringer - Religion und Ritual im Sumō; S. 55–102 in: Möller, Jörg, 1993b) Schrein- und Votiv-Sumō auf japanischen Festen; S. 103–133 in:

Möller, Jörg, 1993. 2000 Ein Beitrag zum Frauen-Sumō und zur Ethnographie der „Starken Frau"; S.181–192 in: Manthey, Barbara u.a. (Hg.), 2000.
Philippi, Donald L. Kojiki; Tōkyō 1968
Wakamori, T. Sumō no okori; S. 169–192 in: Kōza Nippon fuzoku-shi Bd. 1; Tōkyō 1958.
Yamaguchi, M. Minzokugeinō to shite no sumō; S. 1–13 in: Minzokugeinō kenkyū Nr. 5, Mai 1987, Tōkyō.

Von der Jagd zur Selbsterfahrung: Bogenschießen in Mythos, Literatur und Lebenskunst

Elmar Schenkel

Meinem Vater *Heinrich Schenkel* gewidmet

Erinnerungen an Sport sind in erster Linie leiblich verwurzelt, und so ist es kein Wunder, dass mit dem Wort Bogenschießen mir zuerst Bilder aus der Jugend emporsteigen. An einem Sonntagmorgen irgendwann in den sechziger Jahren stehen wir auf dem Fußballplatz eines westfälischen Dorfes und schießen unentwegt auf eine Scheibe, die in ihren Farben entfernt mit der deutschen Fahne verwandt scheint, während man auf der anderen Seite des Zauns Fußball spielt. Ohne dass wir etwas über die Geschichte des Sports wussten, spürten wir, dass Abgründe zwischen diesen Tätigkeiten lagen. Der eine Sport – ein kollektives Fest, mit hohem, vielseitigen Körpereinsatz, mit einer riesigen Infrastruktur von DFB bis TV im Rücken, die Massen erhitzend, lautstark und begeisternd. Der andere Sport, der unsere – von einzelnen oder in kleinen Gruppen betrieben, eine etwas einseitige oder zumindest monotone Körpersprache; zwar im Deutschen Schützenbund organisiert, aber doch nicht konkurrenzfähig mit den Gewehrschützen; ein Sport für Einzelgänger, der nie die Massen beflügeln könnte und eher etwas Elitäres hat – allein schon diese langsamen bedächtigen Bewegungen! Und warum schießt einer mit dem Bogen, wenn es mit dem Luftgewehr doch viel besser geht? Da schien zu alldem auch noch etwas Rückwärtsgewandtes, Historisierendes im Spiel zu sein, eine Absage an die Gegenwart, also auch an die Nächsten und deren harmlose Spiele.

Mein Vater Heinrich Schenkel, Jahrgang 1911, von Beruf Malermeister, hatte den merkwürdigen, archaischen Sport im Dorf eingeführt, in den 1950ern, und hatte die Mannschaft zweimal zur deutschen Meisterschaft gebracht. Ich weiß bis heute nicht, wie er auf das Bogenschießen kam, es muß ihn aus dem Blauen getroffen haben in dieser Soester Börde. Vielleicht war es auch seine Art, mit dem Krieg psychologisch fertig zu werden. Bis zu seinem Tod 1974 hat er das Bogenschießen weiterentwickelt, wobei er sich zunehmend von den Turniermeisterschaften der FITA (Fédération Internationale de Tir à l'Arc) entfernte und zunächst das intuitive Feldschießen, schließlich das japanische Kyûdō entdeckte. Nachdem er in den sechziger Jahren Filme über das japanische Bogenschießen gesehen hatte, gelang es ihm, eine Abordnung von japanischen Meistern nach Oestinghausen einzuladen. Das war für unser Dorf ein Ereignis, und für einige, zu denen ich auch gehöre, eine prägende Erinnerung. In den letzten Lebensjahren lehrte mein Vater das Bogenschießen als therapeutische Übung in einem benachbarten Kurort, wobei er westliches und östliches Schießen zu einer Einheit verbinden wollte.

Ich habe also in meiner Kindheit und Jugend die gesamte Bandbreite des Bogenschießens mitbekommen. Zunächst habe ich das in einem Roman verarbeitet (Der westfälische Bogenschütze, 1998). An dieser Stelle nun bietet sich die Möglichkeit, den Sport reflektiv und historisch zu durchdringen. Wie konnte aus einer gefährlichen Waffe ein Werkzeug der Meditation werden? Die oben geschilderten Szenen aus dem Dorfleben lassen das Bogenschießen als eine höchst marginale und exzentrische Übung erscheinen. Kaum jemand, der nicht ein leichtes Grinsen oder mitleidiges Lächeln erblühen lässt, wenn man vom Bogenschießen erzählt. Einmal bin ich mit meinem Pfeil und Bogen mit der Deutschen Bahn gefahren. Ich werde es wohl nie wieder tun, denn die Flut an Kommentaren und Spötteleien oder die dümmlichen Gesten möchte ich mir ersparen. Oder wenn ich es noch einmal tue, dann mit dem Vorsatz anthropologischer Beobachtung. Denn es scheint bei diesen Reaktionen etwas im Spiel zu sein, das auf altes Erbe verweist. Vielleicht halten die meisten Pfeil und Bogen für ein abgelegtes Spielzeug, für kindlich-kindische Indianerromantik und ähnliches. Schaut man etwas tiefer in die Geschichte, so scheint der verächtliche Blick doch noch andere Wurzeln zu haben. Er ist im übrigen nicht die einzige Reaktion. Viele halten den Sport für ausgesprochen anspruchsvoll und rein mental. Mein früherer Sportlehrer etwa schrieb mir, er bewundere, wenn man sich mit einem so „schweren Sport" beschäftige.

Jedenfalls ist die Diskrepanz zwischen der Bedeutung, die das Gerät einst hatte und die es heute hat, immens. Eine Vermutung wäre also, dass unsere Verachtung, die auch mit einem irrationalen Respekt gemischt ist, aus unbewußten Erinnerungen stammt. Wir hätten es dann mit Verdrängung zu tun, und zwar Verdrängung von Erinnerungen an etwas zugleich sehr Bedrohliches wie Machtvolles. In dem Maße, wie der Bogen einst gefürchtet war, wird er nun belächelt.

Ein auch nur oberflächlicher Einblick in die Geschichte des Bogens und der Pfeile verrät, dass wir es mit uralten Kulturtechniken zu tun haben, die zunächst sicherlich in Krieg und Jagd zum Einsatz kamen. Doch kann man nicht nur diese, sondern fast alle Kulturtechniken im Bogen und Pfeil wieder finden. Man möchte, etwas übertreibend, sagen, nicht der Krieg ist der Vater aller Dinge, sondern Pfeil und Bogen sind es. Schnur und Stab sind für sich genommen Objekte, mit denen auch Primaten wunderbar hantieren und die sie als Werkzeuge einsetzen können. Aber die Verbindung beider zu einer neuen Einheit durch Spannung und das Entladen dieser Spannung auf bestimmte Ziele hin, die weit über die menschliche Reichweite hinausgehen, ist das revolutionär Neue und stellt möglicherweise eine Art anthropologischer Differenz dar. Es sind kleine Kraftmaschinen, die Muskelarbeit über ein Medium umsetzen in Flug, Drehung, Bohrung, Schwingung. Die frühesten uns bekannten Bögen stammen aus dem Jungpaläolithikum, das heißt sie sind etwa 12 000 Jahre alt.[1] Man wird jedoch immer weiter zurückdatieren müssen mit den noch zu erwartenden Entdeckungen. Die ältesten Wurfspeere liegen inzwischen von der Datierung her bei ca. 400 000 Jahren (Braunkohletagebau Schöningen, Niedersachsen)

Mit Schnur und Stab ließ sich also der Bogen bauen für die Jagd. Während Speer und Speerschleuder allenfalls bis auf 30 m wirksam waren, konnten mit Pfeil und Bogen Beutetiere aus einer größeren Distanz (bis zu 50 m) erlegt werden.[2] Aber die Jäger nutzten das Gerät auch zum Feuermachen, indem sie einen Stab in die Sehne drehten, diesen in morsches Holz stellten und dann den Bogen wie eine Säge hin- und herzogen, bis die Funken flogen. Solch eine Vorrichtung konnte auch als Bohrer genutzt werden. In dieser Funktion wurde der Bogen wohl auch bei steinzeitlichen Trepanationen eingesetzt. Er hatte noch weitere Funktionen. Man stellte fest, dass die gespannte Sehne durch Zupfen, Klopfen und Loslassen Töne von sich gab. Schwingung und Spannung stehen in einem polaren Verhältnis, und so kann man hier einen Ursprung der Saiteninstrumente sehen. Musik aber muß auch medizinisch eingesetzt worden sein. In einer Zeit, als es noch keine chemischen Schmerz- und Betäubungsmittel gab, war es wichtig, Techniken zur Herbeiführung von Trance zu kennen. Neben Kräutern und Rauch, Pilzen und Fermentierungen dürften trance-induzierende Klänge eine große Rolle gespielt haben. Wer sich einmal die Klänge anhört, die schwedische Musik-

---

[1] Vgl. Ulrich Stodiek, Harm Paulsen, *„Mit dem Pfeil, dem Bogen..."* *Technik der steinzeitlichen Jagd*. Oldenburg: Isensee Verlag 1996, 14. Im Vergleich: die Lanze hat ein Alter von 500 000 Jahren und mehr, der Speer 400 000, die Speerschleuder 15 000, der Bumerang 15 000. Ebd.
[2] Ebd., 15.

wissenschaftler mit Musikbögen nachgespielt haben, wird sogleich die psychoaktive Wirkung dieser Schwingungen bemerken.[3] Bei Musikbögen kann der Mund als Resonanzraum genutzt werden (Mundbogen); man kann aber auch durch Druck auf den Bogen unterschiedliche Töne erzeugen. In schamanistischen Kulturen spielt der Bogen, ob als Waffe oder als Musikinstrument, immer noch eine große Rolle. Er kann den Schamanen mit der Geisterwelt verbinden, er kann durch seinen Klang Dämonen vertreiben. Der Schamane kann sogar, wie in der altgriechischen Überlieferung, auf einem Pfeil durch die Himmel reiten.[4]

Pfeil und Bogen haben auch als frühe Fernkommunikationsmittel gedient. Heulpfeile und Feuerpfeile, Pfeile mit Inschriften und Botschaften sind an verschiedenen Orten gefunden worden. In der Bibel etwa machen Jonathan und David aus, sich durch die Lage von Pfeilen zu verständigen, ob Jonathan wieder aus dem Versteck kommen könne (1. Samuel 20).

Pfeile können auch nicht-menschliche Botschaften tragen, wie alle Orakel. In der sogenannten Belomantie wird der Flug oder der Fall der Pfeile gedeutet, so wie andernorts die Lage von Schafgarbenstengel und Knochen oder das Eingeweide von Tieren gelesen wurden.

In Pfeil und Bogen sind somit alle entscheidenden Komponenten menschlichen Lebens vereint: Feuer, Tod, Kommunikation, Schwingung und Verbindung, Schutz und Jagd. Dieses Gerät stellt geradezu eine Matrix unserer Kultur dar: sie steht am Anfang von Bändigung und Nutzung der Energie ebenso wie von Rakete und Telefon, Orchester und Radio. Vielleicht gar enthält – diese Spekulation sei hier erlaubt – das Bild vom Bogenschießen auch eine Sprache. Während Speer und Schleuder sprachlich gesehen korreliert werden können mit einmaligen Ausrufen und Interjektionen, Geräuschen ohne Sequenz, bildet der Ablauf des Bogenschießens eine Folge wie einen Satz. Dieser Satz enthält drei Elemente: Subjekt (Bogen), Prädikat (Ziehen) und Objekt (Pfeil). Außerdem gibt es einen Sender (Ich) und einen Empfänger (Ziel), so dass sich hier eine kommunikative Struktur abzeichnet. Insbesondere deutet die unwillkürliche Angleichung von Atem und Handlung und die verstärkte Zwerchfellatmung beim Ziehen des Bogens auf eine alte Verbindung, die sich auch die Logopädie in entsprechenden Bogen-

---

[3] Vgl. die Produktion von Cajsa S. Lund unter dem Titel „Fornnordiska klanger. The Sounds of Prehistoric Scandinavia." (CD, Musica Sveciae).

[4] E.R. Dodds, *The Greeks and the Irrational*. Berkeley, CA: University of California Press 1951, 141, 161. Den Hinweis verdanke ich Prof. Dr. Ingomar Weiler, Graz.

übungen zunutze macht. Die buddhistische Stupa, eine Statue aus geometrischen Symbolen, bezieht sich mit ihren Elementen auf die Körperchakras. Darunter ist die zweitoberste die Kugel. Sie wird „der Bogen" genannt und steht für die Kehle und damit die Sprache.

Soweit einige anthropologische Voraussetzungen zur Geschichte des Bogenschießens, die bis heute nachwirken. Auch die Mythologien vieler Kulturen widmen diesem Gerät Geschichten und Poetisierungen, und in diesem Sinne kann man Mythologie als einen Kommentar auf frühe anthropologische Erfahrungen lesen. Bogenschießende Götter wie Göttinnen sind in vielen Kulturen anzutreffen. Insbesondere die indischen Epen sind voll von ihnen. Viele hinduistische Götter tragen einen Bogen als Attribut: Brahma, Indra und Shiva etwa. Bei Shiva kann er zugleich eine siebenköpfige Schlange darstellen oder einen Regenbogen; sein anderer Name ist auch Ajagava, der „südliche Sonnenpfad". Indras Bogen ist ebenfalls ein Regenbogen, denn er ist ja der Himmelsgott. Einer der Söhne Shivas ist der große Bogenschütze Skanda, dem auch ein Traktat über das Bogenschießen zugeschrieben wird. Ihm wird in Südindien lange schon gehuldigt als einer Tantra-Gottheit. Das erotische Moment des Pfeiles wird auch darin ausgedrückt, dass er in der indischen Mythologie eine Darstellung des Linga, des Phallus ist, eine Manifestation göttlicher Kreativität. Zugleich ist er ein Symbol für die Zahl Fünf, weil der indische Liebesgott fünf Pfeile hat, einen für jeden der fünf Sinne.

Im Mahabharata, dem gigantischen epischen Zyklus über den Kampf von zwei Dynastien, spielen Bögen immer wieder eine große Rolle. Der größte Bogenschütze aller Zeiten ist Arjuna, der den Drona als Lehrmeister hat. Der Feuergott Agni schenkt Arjuna einen furchtbaren Bogen, den „Gandiva". Seine Gegner, die Kauravas, erkennen am Klang der Sehne, dass Arjuna mit seinem Bogen eingetroffen ist.[5] Auf dem Schlachtfeld von Kurukshetra nördlich von Delhi, wo Arjuna von Krishna ins Gefecht begleitet wird – Schauplatz der Bhagavadgita – richtet er mit seiner Waffe schlimmste Verwüstungen beim Feind an und erlegt auch seinen Kontrahenten, den Helden Bhisma. Interessanterweise pflegt er sein Kriegsgerät immer in einen Baum zu hängen.

Bogen und Pfeil können selbst magischer Natur sein. Ein Beispiel hierfür ist der Kampf, den Arjuna einst mit Indra, dem zeusähnlichen Himmelsgott

---

[5] Vgl. Alain Daniélou: *The Myths and Gods of India*. Rochester, Vermont: Inner Traditions 1991 (repr. von 1964)

ausfocht wegen einer Streiterei. Arjuna gelingt es, mit seinen in den Himmel abgeschossenen Pfeilen das himmlische Unheil, Blitze und Donner und mächtige Gesteinsbrocken abzuwehren. In einer anderen Legende wird berichtet, wie Arjuna seine Pfeile so schnell verschießt, dass daraus eine Hütte entsteht, deren Bewohner vor dem Tod geschützt sind.[6] Gegen Schluß des Epos stellt er fest, dass ihm die Kraft fehlt, den Bogen zu ziehen; es geht mit ihm zuende.[7]

Die Stärke des Bogens dient ebenso wie die Treffsicherheit immer wieder als Test für die Helden des Mythos. Homers Werke haben manches gemeinsam mit den alten indischen Epen, unter anderem auch, weil sie die Bedeutung von Pfeil und Bogen hervorheben. Odysseus' Bogen ist weltbekannt. Penelope stellt die schamlosen Freier, die sie während der Abwesenheit des Odysseus umschwirren, auf die Probe, ob sie seinen Bogen spannen, das heißt, eine Sehne anlegen können. Wer dies könne, den werde sie schließlich ehelichen. Doch es gelingt keinem von ihnen, einzig Telemachos, der Sohn, wäre vielleicht dazu in der Lage, doch er wird daran gehindert. So kommt also der wahre Besitzer des Bogens zu seinem Recht. Odysseus, bislang verkleidet, spannt den Bogen und schießt durch die Löcher von 12 Äxten, das ist sozusagen seine Signatur. Bogenforscher haben festgestellt, dass es sich bei Odysseus' Waffe um einen asiatischen Bogen handeln muß.

Einer der größten Bogenschützen dieser heroischen Zeit war Philoktetes. Doch Odysseus ließ ihn auf dem Weg nach Troja auf einer Insel zurück, da er an Eiterwunden dahinsiechte. Sophokles hat in einem Drama (Philoktetes) ausgestaltet, wie Odysseus hinterlistig versucht, an den legendären Bogen des Schützen auf der Insel zu kommen. Der Bogen des Odysseus hat eine eigene kleine Literatur- und Musikgeschichte geschaffen. So bildet er eine Episode in Monteverdis Oper *Il ritorno di Ulisse in patria* (1640, mit einem Libretto von Giacomo Badoaro). Penelope weist mit liebesgerührten Worten auf den Bogen ihres Gatten: „Ecco l'arco d'Ulisse, anzi l'arco d'Amor" (Dies ist Odysseus' Bogen, und auch der Bogen Amors, IV, 4). Die Freier versuchen die Sehne aufzuspannen, und es sind auch komische Höhepunkte, wenn sie dabei ächzend scheitern. Der Bogen des homerischen Helden ist

---

[6] Ich entnehme diese Episoden aus dem *Mahabharata* und anderen Sagen der indischen Comic-Serie *Amar Chitra Katha* vol. 525 (Tales of Arjuna) und vol. 689 (Tripura). Die in Indien sehr populäre Serie bringt Comics aus den Mythen und der Geschichte Indiens.

[7] Vgl. *Mahabharata*, übersetzt und zusammengefasst von Biren Roy. Düsseldorf: Diederichs 1979. Bei dieser Zusammenstellung handelt es sich nur um einen Bruchteil des gesamten Mythos, der bislang nicht komplett ins Deutsche übersetzt worden ist.

sogar Stoff für ein ganzes Theaterstück von Gerhart Hauptmann: Der Bogen des Odysseus (1913/14). Er ist ein magischer, zugleich höchst persönlicher Gegenstand, der Inbegriff des männlichen Helden, aber auch des Listenreichen.

Und nicht zu Unrecht, denn Griechen und Römer hatten insgesamt wohl ein ambivalentes Verhältnis zum Bogenschießen.[8] Es war ihnen zu hinterhältig und passte vielleicht nicht in die Militärtaktik vor allem der Römer. Dass Herodot so beeindruckt ist von den persischen Bogenschützen, deutet auf eine Vernachlässigung im eigenen Land hin. Für die Griechen sind es die Skythen, die sie mit dem Bogenschießen und Reiten assoziieren, ein mächtiges Volk aus den Steppen Zentralasiens und Russlands. Vielleicht sind sie sogar die Vorbilder für Phantasien von bogenschießenden Zentauren. Den Amazonen wurde das Bogenschießen ebenfalls zugesprochen. Angeblich hatten sie sich die Brüste abgeschnitten, um diese Waffe einsetzen zu können. Herodots Geschichten sind zu einem Teil von der Wissenschaft bestätigt worden, und inzwischen hat man auch Gräber von bewaffneten Frauen gefunden.[9] Wie die Römer waren die Germanen dem Bogenschießen nicht wohlgesonnen, zudem scheint es ihnen an Lehrern gemangelt zu haben.[10] Bei den Kelten sieht es anders aus. Dass das Bogenschießen bei ihnen in höherer Gunst stand, mag sich daran zeigen, dass die Römer von ihnen das Wort „sagitta" für Pfeil übernommen haben.

Im Mittelalter ist es vor allem England, das mit seinen Bogenschützen hervortritt. Dort entstand ein regelrechter Bogenkult, der eng mit Phantasien der Nationbildung und später mit Nostalgie zusammenhängt und bis heute fortwirkt. Die hervorragende Rolle des Bogenschießens beginnt mit der Eroberung Englands durch die Normannen im Jahre 1066. Der Wandteppich von Bayeux zeigt uns, dass der englische König Harold durch einen Pfeil getroffen wurde. Damit wendete sich das Blatt in der entscheidenden Schlacht von Hastings, und England wird normannisch. Von nun an, unter der Herrschaft der Normannen und später Tudors, wird England ein Bogenland, was sich unter anderem in der Gesetzgebung zeigt. Der sogenannte englische Lang-

---

[8] Zur Geschichte des Bogenschießens vgl. Thomas Marcotty: *Bogen und Pfeile*. Göppingen: Bogensport-Literatur 1997.
[9] Vgl. „Das Gold der Skythen", Ausstellung im Sommer 2007 im Martin-Gropius-Bau Berlin, wo die neuesten Funde ausgestellt wurden, darunter auch das Grab von sogenannten Amazonen. Zum Ursprungsmythos der Skythen gehört ein Bogenschießwettbewerb unter drei Brüdern, den der jüngste gewinnt.
[10] Ebd.

bogen (longbow), so genannt, um ihn von der Armbrust zu unterscheiden, ist allerdings ein walisischer Beitrag. Die Waliser besiegten 1165 die Engländer, und seither begannen sich die letzteren für diese Waffe zu interessieren. Vor allem im Hundertjährigen Krieg zwischen Frankreich und England (1337–1453), aus dem heraus sich die beiden Nationen bildeten, spielte der englische Langbogen eine große Rolle. Arthur Conan Doyle, der nicht nur Detektivgeschichten schrieb, sondern auch ein begeisterter Sportler (Boxen, Skifahren, Autorennen) war, verfasste zahlreiche weitere Romane und Geschichten über Sport, Spuk und Krieg, Science Fiction wie historische Werke. In dem an Walter Scott angelehnten historischen Roman *The White Company* (1891) lässt er die siegreichen englischen Bogenschützen auftreten – ein Symptom viktorianischer Sehnsucht nach den Heldentaten des Mittelalters. Ein anderer Anhänger des Mittelalters und ebenfalls Autor von Detektivgeschichten, Gilbert Keith Chesterton, widmete dem Langbogen einen Zyklus von politisch-philosophischen skurrilen Geschichten unter dem Titel *Tales of the Long Bow*, wobei dieser Ausdruck auch idiomatisch stehen kann für Aufschneidereien. Bei Edgar Wallace (Der grüne Bogenschütze) versetzt ein geheimnisvoller Schütze ein von einem amerikanischen Millionär und Ekel bewohntes englisches Schloß in Angst. Der Mörder nutzt die Legenden um einen grünen Bogenschützen, der in der Zeit des Hundertjährigen Krieges als Wilderer aufgehängt wurde und seither das Schloß bespukt.

Einige große Schlachten wurden durch den Langbogen entschieden (Crécy, 1346, und Azincourt, 1415), auch gegen eine große französische Übermacht, doch bei der letzten Schlacht des Krieges mussten die Engländer unterliegen (Castillion, 1453).[11] Die Franzosen hatten inzwischen auf Pulverwaffen umgestellt und leiteten somit ein neues Zeitalter ein. Anfang des 16. Jahrhunderts war man in der Lage, Schießpulver auch bei Regen trocken zu halten, und Pulverschützen waren leichter auszubilden, mithin billiger. 1662 wird erstmals in einem Truppenbefehl der Bogen nicht mehr erwähnt, so dass man dieses Datum als Ende des militärischen Bogenschießens gedeutet hat.[12] Dies gilt zumindest für den Westen an denn es wird noch 1813 bei der Völkerschlacht von Leipzig ein Einsatz von bogenschießenden Truppen, vermutlich Baschkiren, stattfinden. Sie wurden allerdings von den geg-

---

[11] Zum Langbogen vgl. Hagen Seehase, Ralf Krekeler: *Der gefiederte Tod. Die Geschichte des Englischen Langbogens in den Kriegen des Mittelalters*. Ludwigshafen: Verlag Angelika Hörnig 2004.

[12] Richard Kinseher: *Der Bogen in Kultur, Musik und Medizin, als Werkzeug und Waffe*. Norderstedt: Books on Demand 2005, 82.

nerischen Franzosen nicht sehr ernst genommen und deshalb „les amours" genannt, Liebesgötter sozusagen.

Nach seiner Abdankung als Waffe nimmt der Bogen verschiedene Wege. Er lebt weiter in der Imagination, also in Literatur, Musik und Kunst, vor allem aber im Sport. Was einst gefürchtet war als hinterhältige und mächtige Waffe, rutscht ab in die Welt des Spielzeugs, ein Prozess des gesellschaftlichen Statusverlustes, der sich bei vielen Gegenständen und Genussmitteln vom Feuerzeug zur Schokolade beobachten lässt. Dadurch entstehen allerdings auch Freiräume der Interpretation und Nutzung. Die einlineare militärische Ausrichtung wird abgelöst durch ein Spektrum an Anwendungsmöglichkeiten, die teilweise wieder die Anfänge der Erfindung beleben, das heißt den Bogen mit der Steinzeit verbinden, mit uralten Praktiken wie Meditation oder eben dem Spiel. Indem er in der Musik auftaucht, wird sein Potential als Saiteninstrument, als Schwingungsträger reflektiert. Auch in der Therapie zum Beispiel von ADS (Attention Deficit Disorder) kann das Bogenschießen sinnvoll eingesetzt werden, so dass auch das heilende Element wiederbelebt wird.

Die Übergänge zwischen Waffe und Sportgerät sind natürlich nicht klar zu ziehen, denn in Friedenszeiten konnte die Waffe schon sehr wohl zum Mittel des Sports werden. In England wurde lange das Bogenschießen als Pflichtübung für Bürger vorgeschrieben. So wurden die Londoner dazu verpflichtet, jeden Sonntag mit Pfeil und Bogen zu üben. Andere Sportarten wie Handball oder Fußball waren an diesen Tagen untersagt. 1542 kam das Gesetz, das es Männern über 24 Jahren verbot, auf Ziele unter 200m Entfernung zu schießen. Ab 1594 sind erste Meisterschaften festzustellen. 1603 wurde erstmals um Sporttrophäen geschossen. Die Leibwache der Königin, die *Royal Company of Archers* (RCA), führte diese Wettbewerbe durch. Seit 1787 dürfen auch Damen am Schießen teilnehmen.

Wie wichtig den Engländern das Schießen nicht nur als Waffe war, zeigt ein Traktat, den der berühmte Pädagoge Roger Ascham, ein Lehrer der künftigen Königin Elisabeth I. auch im Bogenschießen, am Hofe Heinrichs VIII. verfasste: Toxophilus. Die Schule des Schießens.[13] 1545 überreichte Ascham dem König seine Schrift, nachdem dieser bei einer Schlacht siegreich war. Der König belohnte ihn mit einer ordentlichen Pension. Nach Art eines platonisch-humanistischen Dialogs unterhalten sich ein skeptischer Freund des

---

[13] Auf deutsch in einer zweisprachigen Ausgabe erschienen im Wiethase Verlag, 2003 (ohne Ort). Übersetzung Hendrik Wiethase.

Wortes (Philologus) und ein Bogenfreund (Toxophilus). Letzterer versucht alle Einwände gegen das Bogenschießen zu entkräften, erklärt dabei aber auch die Technik, die soziale Bedeutung und die Geschichte des Bogenschießens. So sei das Schießen um vieles besser als das Kartenspielen oder Würfeln und gut für die Ertüchtigung aller Gelehrten, die ohnehin an körperlicher Trägheit kranken. Sowohl militärisch als auch sportlich wird hier für das Schießen eine Lanze gebrochen, wobei in Renaissance-Manier immer wieder Beispiele aus der antiken Welt herangezogen werden.

Das Werk ist auf Englisch geschrieben, nicht in Latein, und diese Entscheidung für die Volkssprache enthält Aschams Credo: das Bogenschießen solle eine Beschäftigung des ganzen Volkes sein, nicht nur der oberen Schichten.

Für die deutsche Beschäftigung mit dem Bogensport lässt sich zum Glück auch eine interessante Stimme aus dem frühen 19. Jahrhundert vernehmen, und zwar die Stimme eines Autors, der sich wohl zu allen Gegenstände zwischen Himmel und Erde geäußert hat: Goethe. In den Gesprächen mit Eckermann finden sich einige Seiten über das Bogenschießen. Am 1. Mai 1825 notiert Eckermann in seinem Buch Gespräche über Pfeil und Bogen. In diesen Monaten verbringt Eckermann viel Zeit mit seinem Freund Doolan auf dem freien Feld. Auf Goethes Frage, was sie denn dort machten, antwortet er, man schieße mit Pfeil und Bogen: „‚Hm!' sagte Goethe, „das mag kein schlechtes Vergnügen sein.' – ‚Es ist herrlich,' sagte ich, ‚um die Gebrechen des Winters los zu werden.'"[14] Eckermann hat sich schon 1814 vom Marsch nach Paris einen Pfeil aus Brabant mitgebracht, wo er diese Kunst erlernt hat. Goethe lobt seinen Versuch, dieses Schießen nach Deutschland einzuführen, denn „‚[u]nser deutsches Kegelbahnvergnügen erscheint dagegen roh und ordinär und hat sehr viel vom Philister.'"[15] Dergestalt ermuntert, beginnt Eckermann ein Loblied auf den Sport, vor allem preist er die Koordination von Muskeln und Gliedern, von Geist und Körper, den Wechsel von Spannung und Entspannung. Goethe entwickelt daraufhin gleich ein Programm zur Einführung des Sportes in Deutschland; schon sieht er die Turnanstalten voller Bogenschützen, die von Wanderlehrern trainiert werden. Im Sport sieht Goethe allgemein eine Möglichkeit, Ausgleich für die geistigen Berufe zu schaffen, auch wenn er die politisch-nationalistische Ausrichtung der Turnbewegung missbilligt. Dann unterhalten sich die beiden

---

[14] Johann Peter Eckermann: *Gespräche mit Goethe*. Frankfurt/M.: Insel 1955, 541.
[15] Ebd., 542.

über technische Details bei der Herstellung von Bogen und Pfeil, in der sich Eckermann auszukennen scheint. Schließlich macht ihm Goethe eine Überraschung. Er holt einen Bogen aus dem Haus, den ihm ein „Baschkirenhäuptling" 1814 verehrt hat. Vielleicht stammte dieser Bogen von einem Teilnehmer an der Völkerschlacht von Leipzig, in dem zum letzten Mal in einem modernen Krieg berittene Bogenschützen auftraten. Goethe selbst schießt zwei Pfeile ab, trotz seines Alters erscheint er Eckermann wie Apollo, aber auch wie ein Kind. Auf Goethes Wunsch schießt Eckermann einen Pfeil auf den Fensterladen des Geheimrats ab. Er bleibt tief im weichen Holz stecken. „,Lassen Sie ihn stecken,' sagte Goethe, ‚er soll mir einige Tage als eine Erinnerung an unsere Späße dienen.'"[16] Entspannte Szenen sind das, in denen man etwas über die Rolle des Sports im 19. Jahrhundert und das deutsche Turnwesen erfährt.

Im 19. Jahrhundert war das Bogenschießen in England ein äußerst beliebter Freizeitsport. Unter englischem Einfluß wurde das Bogenschießen auch in Amerika zum Sport, wiewohl es dort bis heute noch zur Jagd gehört. Hier kommen noch indianische Einflüsse hinzu, wie sie sich vor allem in der Zusammenarbeit des Bogenpioniers Dr. Saxton Pope mit dem Yana-Indianer Ishi zeigte (ab 1912). Pope lernte entscheidende Dinge über Jagd und Herstellung von Bögen und vermittelte diese Kenntnisse in seinen Publikationen an eine breitere Öffentlichkeit.[17]

Das Bogenschießen wurde 1900 erstmals in das Rahmenprogramm der Olympischen Spiele in Paris eingeführt. Man schoß damals auf ein lebendes Tier, eine Taube, die auf einer Stange saß, das einzige Mal übrigens, dass während der modernen Spiele auf ein Lebewesen geschossen wurde. Nach 1920 verschwand das Bogenschießen aus der Olympiade, da die Bogenschützen keinen eigenen Weltverband hatten. 1960 wurde es auf Antrag der FITA zur olympischen Disziplin erklärt, konnte aber erst in München 1972 zur Austragung kommen. Das FITA-Schießen folgt einem klaren Reglement, es erlaubt zudem den Anbau von Geräten an den Bogen, die das Schießen genauer machen, Gewichte, Visiere usw. Davon muß man das sogenannte Feldschießen abgrenzen, das auch intuitives Schießen genannt wird. Hierbei kommt es auf einfache Mittel – einen Bogen ohne Drumherum – an und auf Ziele, die symbolisch den Vorgang der Jagd wiederholen, das heißt, man schießt auf Scheiben in unterschiedlichen Distanzen und natürlicher Umge-

---

[16] Ebd., 551.
[17] Zur Sportgeschichte Kinseher, a.a.O., 79–86.

bung – Hügel, Täler, Abhänge. Auf diese Scheiben sind Tierbilder gemalt. Man wendet sich so von einer durch Regelwerk und künstliche Umgebung homogenisierten Form des Schießens ab. Ist es Indianerromantik, Naturhaftigkeit, Jagdinstinkt oder einfach Nostalgie? Es kommt all dies wohl bei denen zusammen, die diese Form des Schießens praktizieren. Man kann sich ein Bild ihrer Interessen verschaffen, wenn man ihre Zeitschrift *Traditionelles Bogenschießen* durchblättert, die seit mehr als einem Jahrzehnt in Ludwigshafen erscheint und von der Bogenschießexpertin Angelika Hörnig herausgegeben wird. Darin finden sich Artikel von Bogenbauern, Archäologen, Sportschützen, Japanreisenden und vielen weiteren, die sich mit allen Formen des Bogenschießens auseinandersetzen.

Eine größere geistige Bedeutung – für Literatur, Religion und Psychologie – gewann das Bogenschießen durch eine weitere Wendung im 20. Jahrhundert. Diese hing zusammen mit der Entdeckung der geistigen Reichtümer Asiens, des Buddhismus, Taoismus und anderer Traditionen, die durch die orientalistischen Wissenschaften, Reisende und Grenzgänger anfing und in der yoga- und zeninspirierten Bewegung der amerikanischen Westküste zu einem globalen Phänomen wurde. Umberto Eco hat den Siegeszug des Zenbuddhismus in der westlichen Welt beschrieben.[18] Seit den sechziger Jahren ist Zen zu einem Modewort avanciert und hat mit den unterschiedlichsten Tätigkeiten fusioniert. Man kann diese Welle unter anderem an Buchtiteln ablesen wie *Zen in der Kunst des Jonglierens, Zen in der Kunst des Bergsteigens* oder *Zen in the Art of Motorcycle Maintenance*. Was haben diese Phänomene gemeinsam? Es ist die durch den Zenbuddhismus akzentuierte Form von Wahrnehmung und das Leben im Augenblick. Mit dieser Konzentration auf den gegenwärtigen Moment, der Hingabe an das, was zu tun ist, lassen sich die komplexesten Techniken und Tätigkeiten bewältigen.

All diese Buchtitel gehen jedoch auf einen Klassiker zurück, Eugen Herrigels *Zen in der Kunst des Bogenschießens* (München 1948; engl. 1953 Zen in the Art of Archery). Herrigel war von 1924 bis 1929 Gastprofessor für deutsche Philosophie an der nordjapanischen Universität Sendai. Nach seiner Rückkehr wurde er Professor an der Universität Erlangen, der er 1945 als Rektor vorstand. Seit 1937 Mitglied der NSDAP, lobte er noch 1944 den Kriegseinsatz und die Samurai-Mentalität der Japaner. In mancher Hinsicht erinnert seine Einstellung an die des österreichischen Bergsteigers und Tibet-

---

[18] Umberto Eco „Zen und der Westen", in *Das offene Kunstwerk*. Frankfurt/M.: Suhrkamp 1977, 212–236.

forschers Heinrich Harrer, der dem Nationalsozialismus unkritisch gegenüberstand, zugleich aber eine Brücke zwischen Ost und West baute. Herrigel lernte in Sendai das japanische Bogenschießen Kyûdō kennen. Der japanische Religionsforscher Yamada Shōji verweist in einem erhellenden Aufsatz darauf, dass Herrigel wohl einer Reihe von Missverständnissen aufgesessen ist. Erstens hatte er einen exzentrischen Bogenlehrer, zweitens gab es große Übersetzungsprobleme.[19] Das mag dazu beigetragen haben, dass Herrigel um so leichter den deutschen Idealismus auf das japanische Bogenschießen projiziert hat – immerhin ein folgenreiches und erfolgreiches Missverständnis. Das Buch hatte möglicherweise zur Folge, dass deutsche Kyûdō-Schützen eine stark spirituelle Motivation bei ihren Übungen haben, japanische dagegen eher Sport, Spiel und Entspannung darin sehen, wie eine Umfrage der Tsukuba Universität von 1983 nahelegt.[20]

„Kyûdō" heißt soviel wie Weg oder Methode des Bogens, analog zu Judō, Kendō und anderen Kampfsportarten. Es wurde im japanischen Mittelalter, das heißt ab dem 12. Jahrhundert von der Kriegerkaste der Samurai entwickelt und erhielt erstmals 1660 diese Bezeichnung.[21] Erst nach dem Zweiten Weltkrieg wurde das Bogenschießen durch die amerikanische Besatzungspolitik demokratisiert und öffnete sich weiteren Schichten. Im Kyûdō wird ein sehr langer asymmetrischer Bogen eingesetzt. Der Schießablauf ist rituell äußerst genau strukturiert und besteht aus acht Phasen (hassetsu), die genau eingehalten werden müssen. Entscheidend ist, dass mit Hilfe des Rituals und der Atmung der Schütze sich im Schuß auch von sich selbst löst. Das bedeutet, dass das Erzielen von Treffern nur zweitrangig ist. Herrigel musste dies schmerzhaft erfahren, als sein Meister ihn jahrelang dazu verurteilte, auf einen Strohballen aus nächster Nähe zu schießen. Als er einen Bogen, den sein uralter Lehrer locker spannte, selbst nicht ziehen konnte, lernte er, dass die Kraft aus der richtigen Einstellung – und dazu gehört der Atem – kommt. Herrigels Buch hat eine ganze Reihe ähnlicher Werke von Adepten des Kyûdō hervorgebracht, so *One Arrow, One Life* von Kenneth Kushner (Boston 2000) oder *Wenn der Bogen zerbrochen ist – dann schieß!* von Kurt Österle (Frankfurt/M. 2004). Es handelt sich um Erfahrungsberichte, die die Technik und Philosophie dieser östlichen Schieß- und Meditationskunst

---

[19] Yamada Shōji: „The Myth of Zen in the Art of Archery". Japanese Journal of Religious Studies 2001, 28/1–2
[20] Ebd., S. 3.
[21] Vgl. Hans Joachim Stein: *Die Kunst des Bogenschießens*. Reinbek: Rowohlt 1990, 27.

weitergeben wollen. Letztlich kann dies wohl nicht in reiner Form gelingen, immer handelt es sich um verwestlichende Aneignungen. Diese sind nicht zu verurteilen, sondern stellen vermutlich den einzig möglichen Zugang für Westeuropäer und Amerikaner dar, die nicht jahrzehntelang im Fernen Osten gelebt haben. Beide Autoren versuchen immer wieder den schwierigen Sprung aus der Bogenpraxis in die Alltagspraxis zu machen, denn auf diese Übertragung kommt es an.

Mein Vater hat zwar kein Buch geschrieben, aber doch auf praktische Weise versucht, westliches und östliches Schießen zu verbinden. Es scheint mir weiterhin ein gangbarer Weg zu sein. Die extreme Ritualisierung etwa ist aus europäischer Sicht kaum nachzuahmen, dazu fehlen entsprechende Verankerungen in unserer Kultur. Mein Vater hat mit westlichem Bogen geschossen, dabei die acht Phasen auf vier verkürzt und vor allem auf die Koordination von Atmung und Bewegung Wert gelegt. Die Atmung, das ist auch im Kyûdô wichtig, geht über das Zwerchfell, die Bauchmitte, die auf Japanisch *hara* heißt. Dadurch entsteht eine Tiefenwirkung auf das vegetative Nervensystem, die die Konzentration und Kraft fördert. Diese Atmung ist nur ein Beispiel für die Möglichkeit, Erfahrungen aus dem Bogenschießen in den Alltag hereinzuholen. Sie hilft einem besser, stress- oder angstreiche Situationen zu überstehen und generell zu langsamer zu werden. Kenneth Kushners Titel *One Arrow, One Life* geht auf einen Spruch aus der Kyûdô-welt zurück. Gemeint ist die Hingabe an den Schuß, als handele es sich um ein ganzes Leben. Das heißt aber auch, dass der nächste Schuß ebenfalls ein eigenes Leben ist, bei dem wir uns von möglichen negativen oder positiven Vorerlebnissen verabschieden müssen. Der Schuß steht für sich, die Vergangenheit und die Zukunft sind irrelevant, sie existieren nicht in diesem Moment. Die achte Phase, das Herumwenden des Bogens nach dem Schuß, schließt die Handlung ab, gleichgültig wie erfolgreich sie war. Der Schütze lässt die Haltung und den Schuß nachschwingen. Auch dies ist eine wichtige Übung für den Alltag.

Der Bogen als Gerät in derartiger Meditation wirkt gleichsam wie ein Vergrößerungsglas, in dem wir die subtilsten Regungen unseres Ichs wahrnehmen können. Immer wieder versuchen sie, unsere innere Ruhe durch störende Gedanken zu durchkreuzen. Im Schuß konzentriert sich das Ich, es wird sozusagen gezwungen, Farbe zu bekennen. Durch diese unerhörte Spannung und Entladung lernen wir in kürzester Zeit etwas über die Mechanismen, die die Illusionen unserer Existenz bedingen.

Das japanische Schießen mit seiner meditativen Komponente macht deutlich, dass das Bogenschießen im 21. Jahrhundert immer noch mehr ist als nur Sport und Jagd. Noch heute werden auf diese Weise weitere Fähigkeiten und anthropologische Potentiale aktiviert, die schon beim frühen Auftreten des Bogens in der Steinzeit eine Rolle spielten. Feuer, Tod und Liebe? Kommunikation und Heilung, Handwerkszeug und Musikinstrument? Viele dieser Phänomene leben in anderer Form im Bogen weiter, ob er nun als therapeutisches Mittel eingesetzt wird oder als Kommunikation mit dem Selbst, als Fahrzeug für die Psyche oder als sportliche Herausforderung. Bogen und Pfeil waren seit Jahrtausenden Begleiter und Ausweis der Menschheit; sie sind es auch heute noch, wenn auch in anderer Form.

Gott im Gehirn. Neurophysiologie und Religion

Eberhard Loosch

1 Wissenschaft, Glaube und die Neurotheologie

Die moderne Neurophysiologie hat die Religion erreicht. James B. Ashbrook fixierte diesen Punkt in einem Artikel 1984 selbstbewusst mit dem gleichermaßen faszinierenden wie strittigen Begriff der Neurotheologie. Ashbrook war zu diesem Zeitpunkt Professor für Religion und Persönlichkeit am Garrett-Evangelisch-Theologischen Seminar in Evanston, Illinois, und vertrat das Gebiet der Religionspsychologie. In den 90er Jahren gewann das Thema im Kontext neurophysiologischen Fortschritts rasch an Popularität, so u. a. durch die Schrift *Neurotheology* von McKinney (1994). Gemäßigter formulieren knapp zwei Jahrzehnte später Newberg, D'Aquili und Rause 2003 ihre Annäherung zwischen beiden Disziplinen mit den Worten *Der gedachte Gott* und sprechen von einer Neurologie der Transzendenz (ebd., S. 229). Mittlerweile liegen einige Sammelbände und Monographien sowie eine große Anzahl von Artikeln vor, die sich in den Kreis der Neurotheologie einordnen lassen. Ebenso wird die Neurotheologie in Talkshows und populärwissenschaftlichen Zeitschriften umfangreich abgehandelt. Neben offenen Legitimationsbestrebungen religiöser Aktivitäten erscheint die gesamte Entwicklung der Thematik doch bedeutend genug, auch ernsthafte Bemühungen um eine Annäherung von Wissenschaft und Glaube zu befördern. In diesen Kontext ordnen sich in jüngster Zeit Promotionen (Blume, 2005) ebenso ein wie der Diskurs des bedeutenden Hirnforschers Wolf Singer mit dem Molekularbiologen und Buddhisten Matthieu Ricard, der unter dem Titel *Hirnforschung und Meditation* veröffentlicht wurde (2008).

Die Gebiete, die die Neurotheologie in ihren Darstellungskreis aktuell mit einbezieht, sind weitgefächert. So finden sich Erörterungen zum Urknall, zur Intelligenz des Universums, zum Wesen des Transzendenten, zur Kognition, zur Evolution der Quellen des Spirituellen, paleolythische Studien zur spirituellen Evolution, Studien zum Shamanismus, zu Träumen sowie allgemein religiösen Themen (Joseph, 2002). Eine inhaltliche Zerfaserung ist, womöglich mangels eines ausreichend tragfähigen Kerns, unübersehbar. Fasst man den Rahmen deutlich enger, reduziert sich das Phänomen auf den Fakt, dass es der Wissenschaft gelungen ist, bestimmte physiologische Reaktionsweisen des Gehirns bei religiösen Handlungen wie Gebet oder meditativen Übungen abzubilden und darzustellen.

Die Schilderungen religiöser Erfahrungen sind in der Literatur zahlreich. Zustände der außergewöhnlichen Entspannung, großer Glückseligkeit, der konzentrierten Sammlung und des Einsseins mit den Dingen, anderen Menschen und dem Universum, Flow-Erlebnisse und Gefühle ozeanischer Ich-Entgrenzung treten nicht selten auf (vgl. auch Newberg, d'Aquili & Rause, 2003, S. 62–64). Viele Untersuchungen meditativer und spiritueller Zustände haben gezeigt, wie stark die vegetativen und hormonellen Funktionen des Körpers auf dieses Geschehen reagieren, ein Vorgang, der durch den Hypothalamus, die Amygdala und den Hypocampus im Zentralnervensystem gesteuert und überwacht wird (ebd., S. 66–69). Dass die Begleitphänomene neurophysiologische Korrelate haben, die sich in den höheren Kortexfunktionen spiegeln, lag somit als Gedanke nahe. Der konkrete empirische Nachweis bedurfte jedoch einer entsprechend verfeinerten Methodentechnik. Dazu zählen u. a. Verbesserungen in der räumlichen und zeitlichen Auflösung der PET (Positronen-Emissions-Tomographie), der SPECT (Single-Photonen-Emissions-Computer-Tomographie) und der MRT (Magnet-Resonanz-Tomographie resp. Kernspin-Tomographie). Vordergründig und unbestritten machten die Fortschritte in der Methodik der Neurophysiologie in den letzten ein bis zwei Jahrzehnten diese Einsichten in Arbeitsprozesse und Reaktionsweisen des Zentralnervensystems des Menschen möglich. Mit einer gewissen Berechtigung entsteht zunächst der Eindruck, als sei dieses Stadium ein rein technologisches.

2 Neurophysiologische Korrelate religiöser Erfahrungen

Bereits 1983, so berichtet Persinger, wurden bei der Erfassung der Hirnströme in EEG-Studien bioelektrische Anomalien im rechten Temporallappen festgestellt (vgl. Persinger 2003, S. 279; Persinger 1987). Die Versuchsperson schilderte die Gegenwart Gottes im Laboratorium. Diese Phase dauerte ca. 20 Sekunden (ebd.). Mit der Optimierung der bildgebenden Verfahren (PET, SPECT, MRT) hirnphysiologischer Prozesse wurden differenzierte Einsichten in das Geschehen möglich, die auch räumliche Zuordnungen stärker berücksichtigten. Am hervorstechendsten sind die wenigen empirischen Untersuchungen, die von Andrew B. Newberg, Professor für Radiologie und Dozent für Religionswissenschaft und Dr. Eugene D'Aquili, Clinical

Associate Professor für Psychiatrie an der Universität von Pennsylvania, in den USA und ihren Mitarbeitern durchgeführt wurden. Wie die Daten ihrer SPECT-Analysen belegen, verändern sich bei meditativer Versenkung und Gebet die Aktivitäten bestimmter Areale des Gehirns deutlich. Das betrifft sowohl Gebiete der ca. 4–6 mm dicken Hirnrinde wie auch subcorticale Bereiche (vgl. Newberg, Alavi, Baime, Mozley & D'Aquili, 1997; Newberg, Pourdehnad, Alavi & D'Aquili, 2003; Newberg, D'Aquili & Rause, 2003). So wurden Hirnscans von in meditativen Techniken hochgeübten Buddhisten und von Franziskanerinnen im Gebet vor und während des Höhepunkts der Versenkung angefertigt. Im Frontallappen, der gewöhnlich die Aufmerksamkeit und Konzentration steuert, fanden sich erhöhte Aktivitäten während der Meditation. Das stoppt nach Aussage der Wissenschaftler den Zufluss von Informationen aus dem Hippocampus, einer tiefliegenden Hirnstruktur, in den Scheitellappen. Im Orientierungsfeld, eine Wortschöpfung von Newberg und D'Aquili, des Lobus parietalis superior dagegen sinkt die Aktivität. Dieser Bereich ist zuständig für das Gefühl für Raum und Zeit. Die Blockierung dieses Bereichs führt nach Ansicht von Newberg und D'Aquili zum Empfinden der Raum- und Zeitlosigkeit in der meditativen Versenkung. Bisweilen wird den Wissenschaftlern eine Art Fotographie Gottes zugeschrieben, wogegen sich die Autoren jedoch abgrenzen. Newberg, D´Aquili und Rause betonen die neurologische Realität des Geschehens: „Eines sollte klar sein: Egal wie unglaublich oder unergründlich die Schilderungen der Mystiker auch klingen mögen, sie beruhen nicht auf Wahnvorstellungen, sondern auf Erfahrungen, die neurologisch vollkommen real sind." (2003, S. 174–175; vgl. auch Blume 2005, S. 91–175)

Die Befunde regten eine ganze Reihe von Nachuntersuchungen zur Wirkung von Meditation sowie der Wahrnehmung glaubensnaher Inhalte an (jüngst u. a. Azari, Missimer & Seitz, 2005; Lutz, Brefczynski-Lewis, Johnstone & Davidson, 2008; siehe auch Singer & Ricar, 2008). Ohne Zweifel kann man diesen Forschungen ein ernsthaftes wissenschaftliches Erkenntnisinteresse zusprechen, wenngleich ein derartiger Gegenstand nicht generell frei bleibt von umstrittenen Annahmen und Kuriositäten. Dazu zählen die frühen Forschungen von Persinger (1987) wie auch die Untersuchungen und Beobachtungen Ende der 90er Jahre eines Teams um Vilayanur Ramachandran an der University of California, San Diego. Patienten mit Schläfenlappen-Epilepsie haben demnach besonders häufig spirituelle Neigungen und reagierten auf religiös konnotierte Worte heftiger als auf sexuelle Reize (Ramachandran & Blakeslee, 2007, S. 300–303; 1998), was Ramachandran zu der Frage inspirierte, ob wir ein Gottesmodul in uns tragen (ebd. 285). Obgleich die Untersuchungen Ramachandrans als seriös einzustufen sind und er mit der gebotenen Vorsicht interpretiert, führte der Befund im Weiteren zu Spekulationen, ob religiöse Führer möglicherweise neurophysiologisch vorgeprägt seien, was den katholischen Theologen und Philosophen Marcus Knaup (2007) zu der provokanten Frage veranlasst: „Waren Buddha, Moses, Jesus und Mohammed also nur Schläfenlappen-Epileptiker?"

Michael Persinger, fachlich beheimatet in der Psychologie, Physiologie und Geophysik, sieht den Ansatz der Neurotheologie und den Gottesbegriff derartig kritisch, dass er quasi als Gegenargument einen Religionsempfangshelm, den sogenannten Octopus, konstruierte (vgl. Persinger, 2003). Seine Untersuchungen an hunderten Versuchspersonen am Behavioral Neuroscience Laboratory der Laurentian University in Sudbury, Kanada, gelten jedoch gesundheitlich und ethisch als nicht unbedenklich (Schnabel, 1996). Im Octopus, einem ursprünglich umgebauten Motorradhelm, sind Magnetspulen eingebaut. Die Aktivitäten des starken Magnetfelds um dem Kopf herum vermitteln über 80 Prozent der Versuchspersonen eine Art übersinnliche Macht, höhere Wirklichkeit oder die persönliche Begegnung mit einem Schutzengel. Persinger meint, wenn sich religiöse Erfahrungen in einem Religionsmagnetwellenexperiment erzeugen lassen, wäre Gott selbst nur eine Einbildung. Knaup (2007) wendet dagegen ein: „Mit der gleichen Logik könne man das Gehirn einer Testperson so stimulieren, dass sie glaubt, Pizza zu essen und gleichzeitig schlussfolgern, dass es Pizza aber gar nicht gibt." Dieses Argument findet sich in den Grundzügen im populären „Einspruchsbild", „... wonach Neurotheologen auf der Suche nach Gott Leuten glichen, die den Fernseher aufschraubten, um dort den Nachrichtensprecher ausfindig zu machen." (Blume, 2005, S. 40) Der Entwurf Persingers ist fragwürdig und wird von Blume sowohl als wissenschaftlicher wie auch als religiöser Ansatz kritisiert (2005, S. 180–186).

Flankierend stellte Persinger zudem eine Korrelation zwischen dem Wachsen globaler geomagnetischer Aktivität und übersinnlichen Erscheinungen fest. Beunruhigend jedoch sind seine Untersuchungen zu gesteigerten Aggressionsaussagen bei religiösen Studenten. Bei Personen, die stark religiös gebunden waren, eine prägende religiöse Erfahrung hatten und erhöhte Temporallappenaktivitäten aufwiesen, bejahten um die 50% „they would kill in God's name", während der „normale" Anteil der Bejahung auf die Feststellung „If God told me to kill I would in His Name" bei religiösen Studenten bei 7 % lag (Persinger, 2003, S. 291).

3 Tautologie oder Gottesbeweis?

Knaup drückt es in einem Artikel aus dem Jahre 2007 mit dem Titel „Wohnt Gott im Gehirn?" sehr bestimmt aus. Er schreibt: „Von der Hirnforschung werden wir wohl nicht erfahren, ob es einen Gott gibt oder nicht. Ein experimentell beherrschbarer Gott wäre aber nicht Gott, sondern nur ein billiger Götze." Insofern ist das subjektive Geschehen nur eine Abbildung der physiologischen Prozesse und *vice versa* das Ganze dementsprechend eine Tautologie.

In seinen kritischen Erörterungen der Neurotheologie gesteht Drewermann (2007) der modernen Neurologie zwar eine dienstbare Rolle in Bezug auf die Aufklärung seelischer Phänomene zu, zieht jedoch die Grenzen ähnlich scharf wie Knaup. Drewermann geht sogar noch einen Schritt weiter und fordert: „Um die Personalität Gottes ‚rein' zu erhalten, sollte die Theologie selbst sich dagegen verwahren, Gott, jenes Subjekt (jenes Du), das niemals Objekt (niemals Es oder Er) werden kann, in einen Erkenntnisgegenstand naturwissenschaftlicher Forschung zu verfälschen."

Newberg argumentiert offener und stellt als eine Option die Doppel-Frage, ob Gott das Gehirn kreierte oder das Gehirn Gott und beantwortet beide mit ja (2003, S. 145). Damit rückt er seine Erkenntnisse in die Nähe eines zumindest indirekten Gottesbeweises, dessen Nichtigkeit ebensowenig belegt wie widerlegt werden kann. Zusätzlich zu widersprüchlichen Positionen kommt noch das Problem auf, dass meditative Zustände der Versenkung nicht gleichzusetzen sind mit religiösem Empfinden, Einstellungen und Wertmaßstäben, die neurophysiologisch nicht messbar sind. Die Daten lassen keinen Hinweis auf die konkreten Inhalte und Prozesse zu, die sich hinter dem Geschehen verbergen. Insofern ist es interessant, den Blick zu weiten und die recht bewegte Geschichte der Begegnung zwischen Wissenschaft und Religion aus einem anderen Winkel zu betrachten. Diese Geschichte umfasst Phasen der intensiven Annäherung ebenso wie Phasen der harsch zelebrierten Abgrenzungen, die hier nur angedeutet werden können.

Ein Beispiel sind die Aussagen von Plessner in seinem legendären Buch *Die Stufen des Organischen und der Mensch* aus dem Jahre 1926 zur philosophischen Anthropologie. Plessner entwickelt u. a. aus streng naturwissenschaftlichen und physiologischen Argumenten heraus die Idee der zentrischen und exzentrischen Positionalität des Menschen. Das letzte Kapitel enthält Ausführungen zu Nichtigkeit und Transzendenz und beschäftigt sich explizit mit der Religiosität. Plessner schreibt: „Exzentrische Positionsformen und Gott als das absolute, notwendige, weltbegründende Sein stehen in Wesenskorrelation." (1926, S. 24) Das ist bemerkenswert, stellt doch eine solche Annäherung für Plessner keinen Bruch dar, sondern eine notwendige Konsequenz, wie sie sich auch für Albert Einstein ergab. Einstein hatte sich in den 30er und 40er Jahren ausführlich mit dem Verhältnis von Religion und Wissenschaft beschäftigt, führte Gespräche zu diesem Thema u. a. mit dem Schriftsteller James Murphy und dem indischen Dichter, Philosoph und Mystiker Rabindranath Tagore. Er schrieb einige Aufsätze dazu. Berühmt ist der Ausspruch Einsteins: „Wissenschaft ohne Religion ist lahm, Religion ohne Wissenschaft ist blind." An anderer Stelle betont er: „Andererseits aber behaupte ich, daß die kosmische Religiosität die stärkste und edelste Triebfeder wissenschaftlicher Forschung ist." (11. November 1930, „Berliner Tageblatt", in: Seelig, 2005, S. 20).

Auch in der Theologie gibt es zunehmend Vertreter, die sich, wenn auch mit anderer Zielrichtung, an der Nahtstelle von Religion und Wissenschaft bewegen, wie die Erörterungen Drewermanns exemplarisch zeigen. Unter der Kapitelüberschrift „Ein bisschen Neuroanatomie und Neurophysiologie" bringt er es immerhin auf 226 Seiten (2006, S. 55–281). Blume (2005, S. 3) gesteht zu, dass „ ... der Dialog zwischen Neurobiologie und Religion zunehmend praxisnah und ergiebig sein kann." Was jedoch die empirischen Studien zur Neurotheologie besonders brisant macht, sind die Fragen hinter den Ergebnissen, durch die die Probleme der Theologie und der Wissenschaft einen neuen Anreiz bekommen. Hierbei werden nicht nur Belange von Theologen berührt. Die Fragen greifen weiter und berühren auch das tradierte Selbstverständnis der Wissenschaft. Ein Blick in die Quantenphysik bestätigt, dass Auffassungen ins Wanken geraten.

Der Quantenphysiker Zajonc meint: „Photoneneigenschaften wie Bahn und Polarisation haben keine richtige Existenz, bevor die Messung stattfindet." (1995, S. 370) Teilchen scheinen sich zudem zum Meßverfahren aktiv zu verhalten, was das Meßergebnis als abhängig von der eingesetzten Methode erscheinen lässt. Zeilinger, ein Atomphysiker, spricht eigentümlich unobjektiv, gemessen an den Standards seiner Disziplin, von einer ungeklärten Spannung zwischen dem beobachteten Objekt und dem Beobachter (zit. nach Wegner, 1996, S. 49). Zajonc meint, dass die Ergebnisse des Einstein/Podolski/Rosen/Bell-Experiments uns zwingen, „die Möglichkeiten einer flexibleren Form des Rationalen anzuerkennen als jener, die der traditionellen Wissenschaft zugrunde" liege (1995, S. 362). Die Physik mag in diesen Fragen eine Vorreiterrolle spielen, ähnliche Paradoxien deuten sich jedoch auch in anderen Wissenschaftsdisziplinen an. Wie Gödel, ein Mathematiker, in den 30er Jahren in seinen legendären Unvollständigkeitssätzen mathematisch exakt bewiesen hat, ist Wahrheit mehr als nur Beweis (vgl. Dawson, 1999). Da sich die Wissenschaft prinzipell an Beweise zu halten hat, denen bestenfalls unbewiesene Vorstufen in Form von Hypothesen vorangehen, stellt sich zwangsläufig die Frage nach dem Mehr einer darüber hinausgehenden Wahrheit.

4 Neurotheologie: Ein kurzes Fazit

Subjektive Zustände haben ihr Gegenstück im Neurophysiologischen. Im Selbstverständnis der modernen Naturwissenschaft klingt eine solche Aussage logisch und nachvollziehbar. Doch genau in dieser Logik versteckt sich ein Bruch, der erst beim näheren Hinsehen offenbar wird und sich in der Frage formulieren lässt, wozu es Strukturen gibt, die religiöse, spirituelle oder auch meditative Erfahrungen spiegeln, ja sie aller Wahrscheinlichkeit nach überhaupt erst ermöglichen. Atran sprach 2002 in einem groß angelegten Sammelband zur Neurotheologie von den evolutionären Landschaften der Religion im Denken und im Gehirn (S. 147). Womöglich liegt auch die Wissenschaft mit ihren Unterströmungen und Triebkräften dem Glauben näher, als es den Anschein hat und sei es nur im Glauben an eine Hypothese oder den Fortschritt, den ihre Forschungen bringt. Blume (2005, S. 120) fragt in jüngster Zeit explizit nach, wie religiös Wissenschaft ist und wie wissenschaftlich Religion. Er verweist zudem mit Bezug auf Newberg auf die Bedeutung des Mythos im Diskurs um die Neurotheologie. Dieser Zweifel wird zur Spur, deren Beginn sich weit zurück verfolgen lässt. Bereits in den Schriften des Mystikers Meister Eckhart, der von 1294–1298 und 1303–1311 Prior im Dominikanerkonvent in Erfurt war und Vikar der Ordensnation Thüringen, finden sich Anklänge. Aus der Erfurter Zeit sind 32 Predigten erhalten geblieben.

Meister Eckhart schreibt an vielen Stellen zum Bild Gottes im Menschen. Man kann sich des Eindrucks nicht erwehren, als ob sie verfrühte theologische Begleitworte zu den Erkenntnissen der modernen Neurophysiologie seien:

Denn wenn die Kräfte der Seele die Kreaturen berühren, dann nehmen und schöpfen sie Bilder und Gleichnisse von den Kreaturen und ziehen diese in sich hinein. Und dadurch erkennen sie denn die Kreatur. Tiefer vermag die Kreatur nicht in die Seele zu gelangen, noch nähert sich die Seele jemals einer Kreatur, sie hätte denn nicht zuerst willentlich deren Bild in sich aufgenommen. Durch die gegenwärtigen Bilder nähert sie sich den Kreaturen – denn ‚Bild' ist ein Ding, das die Seele mit ihren Kräften von den Dingen schafft, sei es ein Stein, eine Rose, ein Mensch oder was immer auch es sei, was sie erkennen will –, dann holt sie das Bild hervor, das sie zuvor in sich hineingezogen hat, und derart kann sie sich mit ihnen vereinen. (Meister Eckhart 1999, S. 407; vgl. auch Newberg, D'Aquili und Rause, 2003, S. 55).

Als Fazit kann man festhalten, dass die Neurotheologie eine umstrittene Entwicklung ist, die aktuell mehr offene Fragen als Antworten liefert. Unstrittig jedoch dokumentieren die Forschungen zum einen den Fortschritt in den Erkenntnissen über die Arbeitsweise des Gehirn. Andererseits dokumentieren sie auch das Interesse, welches die Wissenschaft subjektiven Phänomenen verstärkt entgegen bringt (vgl. auch Singer & Ricard, 2008). Blume sieht aus sorgfältiger Analyse heraus die Neurotheologie als Forschungsgegenstand und Gesprächspartner der Religionswissenschaft (2005, S. 119). Er betont zudem, dass sie ein spannendes und an Bedeutung zunehmendes Forschungsfeld der Religionswissenschaft bilden kann.

5 Literatur

Ashbrook, J. B. (1984). Neurotheology: The working brain and the work of theology. Zygon, 19, 331–50.

Atran, S. (2002). The Neurophysiology of Religion. In R. Joseph (Hrsg.), NeuroTheology. Brain, Science, Spirituality, Religious Experience (p. 147–166). San Jose, California: University Press.

Azari, N. P., Missimer, J. & Seitz, R. J. (2005). Religious Experience and Emotion: Evidence for Distinctive Cognitive Neural Patterns International Journal for the Psychology of Religion, Volume 15, Issue 4 January, pages 263 – 281.

Blume, M. (2005). Neurotheologie zwischen Religionskritik und -affirmation. Unveröffentlichte Dissertation. Eberhard-Karls Universität Tübingen.

Dawson, J. W. (1999). Kurt Gödel: Leben und Werk. Wien: Springer.

Drewermann, E. (2006). Atem des Lebens. Die moderne Neurologie und die Frage nach Gott. Band 1: Das Gehirn. Düsseldorf: Patmos.

Drewermann, E. (2007). Atem des Lebens. Die moderne Neurologie und die Frage nach Gott. Band 2: Die Seele. Düsseldorf: Patmos.

Feyerabend, P. (1999). Wider den Methodenzwang (7. Auflage). Frankfurt am Main: Suhrkamp.

Hofstadter, D. R. (1991). Gödel, Escher, Bach. Ein Endloses Geflochtenes Band. München: Klett-Cotta.
Horgan, J. (2000). An den Grenzen des Wissens. Siegeszug und Dilemma der Naturwissenschaften (2. Auflage). Frankfurt am Main: Fischer-Taschenbuch-Verlag.
Joseph, R. (2002). NeuroTheology. Brain, Science, Spirituality, Religious Experience. San Jose, California: University Press.
Knaup, M. (2007). Wohnt Gott im Gehirn? sciencegarden. Online Magazin für junge Forschung. April/Mail.
Linke, D. B. (2002). Religion als Risiko. Geist, Glaube und Gehirn. Hamburg: Rowohlt.
Linke, D. B. (2004). Das Gehirn – Schlüssel zur Unendlichkeit. Freiburg: Herder.
Linke, D. B. (2006). Die Freiheit und das Gehirn: eine neuro-philosophische Ethik. Reinbek bei Hamburg: Rowohlt.
Lutz, A., Brefczynski-Lewis, J., Johnstone, T. & Davidson R. J. (2008). Regulation of the Neural Circuitry of Emotion by Compassion Meditation: Effects of Meditative Expertise. PLoS ONE 3(3): e1897 doi:10.1371/journal.pone.0001897.
McKinney, L. O. (1994). Neurotheology. Cambridge, MA: American Institute for Mindfulness.
Meister Eckhart. Deutsche Predigten (1999). Zürich: Manesse.
Newberg, A. (2002). Bringing „Neuro" and „Theology" together again. In R. Joseph (Hrsg.), NeuroTheology. Brain, Science, Spirtuality, Religious Experience (p. 145–146). San Jose, California: University Press.
Newberg, A., Alavi, A., Baime, M., Mozley, P. D. & D'Aquili, E. (1997). The mesurement of cerebral blood flow during the complex cognitive taks of meditation using HMPAO-SPECT imaging. Journal of Nuclear Medicine, 38: 95P.
Newberg, A., D'Aquili, E. & Rause, V. (2003). Der gedachte Gott (2. Ausgabe). München: Piper.
Newberg, A., Pourdehnad, M., Alavi, A. & D'Aquili, E. (2003). Cerebral blood flow during meditative prayer: Preliminary findings and methodological issues. Perceptual and Motor Skills 97: 625–630.
Persinger, M. A. (1987). Neuropsychological Bases of God Beliefs. Praeger, 1987.
Persinger, M. A. (2003). Experimental Simulation of the God Experience: Implications for religious beliefs and the future of the human species. In R. Joseph (Hrsg.), NeuroTheology. Brain, Science, Spirtuality, Religious Experience (p. 279–292). San Jose, California: University Press.
Plessner, H. (1975). Die Stufen des Organischen und der Mensch. Berlin: Walter de Gruyter.
Ramachandran, V. S. & Blakeslee, S. (2007). Die blinde Frau, die sehen kann (Übersetzung aus dem Englischen 1998, 3. Auflage). Reinbek bei Hamburg: Rowohlt.
Schnabel, U. (1996). Helm auf zum Gebet: Die Hirnexperimente des Dr. Persinger. In Zeit 45.
Seelig, C. (2005), (Hrsg.). Albert Einstein. Mein Weltbild. Ulm: Ullstein.
Singer, W. & Ricard, M. (2008). Hirnforschung und Meditation. Frankfurt am Main: Suhrkamp.
Spitzer, M. (2006). Neurotheologie? Nervenheilkunde 25: 761–5.
Weber, M. (1995). Wissenschaft als Beruf. Stuttgart: Reclam jun.
Wegner J. (1996). Schüsse auf das Quanten-Tor. Bild der Wissenschaft 3, 46–50.
Zajonc, A. (1995). Die gemeinsame Geschichte von Licht und Bewußtsein. Reinbek bei Hamburg: Rowohlt.

Autorenverzeichnis

Dr. Dagmar Dahl
Norges Idrettshøgskole
Institutt for samfunnsfag,
Postboks 4014 Ulleval Stadion,
NO-0806 Oslo

Prof. Dr. Eberhard Loosch
Universität Erfurt
Fachgebiet Sport- und Bewegungswissenschaften
Nordhäuser Str. 63
99089 Erfurt

Dr. Ralf-Peter Märtin
Waidmannstr. 43
60596 Frankfurt/M.

Dr. Ulrich Pauly
Kaiserstr. 137
53113 Bonn

Prof. Dr. Elmar Schenkel
Universität Leipzig
Anglistische Literaturwissenschaft
Beethovenstr. 15
04107 Leipzig

Univ.-Prof. Mag. Dr.
Christoph Ulf
Leopold-Franzens-Universität
Institut für Alte Geschichte und
Altorientalistik
Langer Weg 11
A-6020 Innsbruck

Dr. Christian Wacker
Deutsches Sport- und
Olympiamuseum
Rheinauhafen 1
50678 Köln

O. Univ.-Prof. em. Dr. Dr. h. c.
Ingomar Weiler
Karl-Franzens-Universität Graz
Institut für Alte Geschichte und
Altertumskunde
Goethestraße 28
A-8010 Graz

Prof. Dr. Reinhard Zöllner
Leiter Abt. für Japanologie (IOA)
Regina-Pacis-Weg 7
D-53113 Bonn